VOM PESTSTEIN ZUM HOLOCAUST

600 Jahre
Jüdische Gemeinde Lübbecke
(1350 – 1938)

Dokumente, Fotos und Erinnerungen

herausgegeben
von
Alexander Räber

edition raeber

Zum Umschlagfoto:

Die „Max – Lazarus - Straße", seit 1986 Seitenstraße der Bäckerstraße, ist neben dem „Platz der Synagoge" mit dem Gedenkstein von 1961 und der Gedenktafel von 1986 sowie den beiden jüdischen Friedhöfen in der Feldmark und an der Gehlenbecker Straße (als östlichstem Teil des Städtischen Friedhofs) ein Stück Erinnerung an die ehemalige jüdische Gemeinde Lübbecke, als deren Kantor und Religionslehrer Max Lazarus fast fünfzig Jahre wirkte.
Er kam 1892 nach Lübbecke und wohnte zunächst viele Jahre in einer Wohnung des heutigen Gerlachschen Verwaltungsgebäudes, deren Fenster oberhalb des Straßenschildes zu sehen sind (damals Köttelbeck 4; s. auch Foto S. 36). 1919 zog die Familie Max und Julie Lazarus mit ihren beiden Kindern zur Bahnhofstraße 16 um, wo sie bis nach der Verwüstung des Hauses in der Reichspogromnacht 1938 und bis zur Auswanderung nach Palästina im Frühjahr 1938 wohnte.
Seit 2004 erinnert eine kleine Gedenktafel am Haus an Max Lazarus.

Bibliografische Information der Deutschen Nationalbibliothek:
Die Deutsche Nationalbibliothek verzeichnet diese Publikation in der Deutschen Nationalbibliografie; detaillierte bibliografische Daten sind im Internet über dnb.dnb.de abrufbar.

© 5. erweiterte Auflage: 2015 Alexander Räber

Herstellung und Verlag:
BoD – Books on Demand, Norderstedt"

ISBN: 9783752854374

INHALTSVERZEICHNIS   Seite

I. VOM PESTSTEIN BIS 1679   9
   Helmut Hüffmann, Kirchenerweiterung im 14. Jahrhundert

- Dieter Zassenhaus, „Bluth-Bad auf dem Kirch-Hoffe"

- Marianne Goch, Einleitung des Buches: Im Aufbruch. Biographien deutscher Jüdinnen

- Bernd – Wilhelm Linnemeier, Neues jüdisches Leben um 1550

- B.-W. Linnemeier, Der Jude Meyer Samuel rettet die Andreaskirche

II. JÜDISCHES LEBEN IN LÜBBECKE VON 1815 BIS 1933   15

- D. Zassenhaus, Jüdisches Leben am Anfang des 19. Jahrhunderts

- D. Zassenhaus, Die beiden jüdischen Friedhöfe

- H. Hüffmann, Synagoge auf Adelshof war unvorstellbar

- Volker Beckmann, Zum Antisemitismus Ende des 19. Jahrhunderts

- V. Beckmann, Zur Biographie von Max Lazarus, Religionslehrer und Kantor von 1892 bis 1938

- Max Lazarus, Bewerbung von Meschede aus um das Religionslehrer – und Kantorenamt in Lübbecke (1891)

- Max Lazarus, Erinnerungen 1892 bis 1918: Amtsantritt – Die jüdischen Familien - Ritualmordhysterie 1892 – Die Eisenbahneröffnung 1899 – Der Weltkrieg 1914 –1918 – Das Jahr 1916

- Max Lazarus, Exemplarische Aufsätze für Volksschüler: Meine Heimatstadt Lübbecke

- Max Lazarus, Das Lübbecke – Lied, 1932

- **Exkurs:** Bärbel Schulte, Der Künstler Max Lazarus (1892 – 1961), 43
  Der Gestalter der Lübbecker Synagoge 1928

- Jüdische Teilnahme am Lübbecker Vereinsleben (Fotos um 1900)   52

- Wo jüdische Familien um 1900 wohnten und ihre Geschäfte hatten (Fotos)

- Wohn- und Geschäftssitze jüdischer Mitbürger Lübbecke um 1926/27

- Jüdische Textilunternehmer als Arbeitgeber in Lübbecke

III. NATIONALSOZIALISTISCHE VERFOLGUNG UND HOLOCAUST 61

- Der erste Boykott jüdischer Geschäfte 1933

- D. Zassenhaus, Wie sich der Nationalsozialismus in Lübbecke breitmachte

- Ein Lübbecker erinnert sich: Was der 10-jährige am 9./10. November 1938 erlebte

- Antisemitische Artikel aus der NS-Presse

- V. Beckmann, Die Ausplünderung der Juden

- Lübbecker Juden mit Vermögen 1938

- Die staatliche „Arisierungsliste" von 1938/41

- V. Beckmann, Wie der Pogrom am 9./10. November in Lübbecke verlief

- Die staatliche Übersicht über die Zerstörungen vom 9.11.1938

- Augenzeugenberichte, Schulaufsatz :"Wenn die Synagogen brennen"

- Die Verschleppung und Ermordung Lübbecker Juden

- V. Beckmann, Zur Überlebensgeschichte von Lore Weinberg

- Meta Weinberg, (1889 – 1943): Foto von 1922

- Gerd – Heinrich Nahrwold, Das Schicksal der jüdischen Familie Weinberg

- Dr. Lore Shelley, geb. Weinberg, Wie ich Auschwitz überlebte

Nachwort

Zeittafel 1350 bis 1938   99
Literaturverzeichnis   100

FÜR DR. LORE SHELLEY, (1924 – 2011) GEBORENE WEINBERG, AUFGEWACHSEN IN LÜBBECKE. SIE ÜBERLEBTE ZWEI JAHRE AUSCHWITZ, WANDERTE IN DIE USA AUS. SIE BESUCHTE HÄUFIG DEUTSCHLAND UND AUCH IHRE GEBURTSSTADT LÜBBECKE.

VORWORT ZUR 3. AUFLAGE 2003

Seit der Ausstellung „Vom Peststein zum Holocaust" im Herbst 2002 in der Volksbank Lübbecker Land hat es viele Anfragen nach Dokumenten zur Geschichte des mit dem Holocaust ausgelöschten jüdischen Lebens im Lübbecker Land gegeben. Nachdem die beiden kleinen Auflagen der Broschüre aus dem Jahr 1998 mit Materialien zum Thema vergriffen sind, lege ich deshalb jetzt eine erweiterte Ausgabe vor und beziehe Forschungen aus zwei umfangreichen Monographien über jüdisches Leben im ehemaligen Landkreis Lübbecke ein, die beide im letzten Jahr erschienen sind:
Volker Beckmanns fast 600 Seiten starke Dissertation zur Entwicklung der jüdischen Bevölkerung in den beiden Landkreisen Halle in Westfalen und Lübbecke von 1815 – 1945 (dieses Werk baut zum Teil auf den beiden Dokumentationen zur Geschichte der jüdischen Gemeinde Lübbecke auf) und Bernd-Wilhelm Linnemeiers über 800 Seiten umfangreiche Arbeit zur Geschichte jüdischen Lebens im ehemaligen Fürstentum Minden zwischen 1540 und 1806.
Ich danke Frau Dr. Lore Shelley (1924 – 2011), Fred Edwards, Angehöriger der Familie Hecht, London, dem Enkel von Max Lazarus, Chaim Lazarus, Rehovot in Israel für die Genehmigung, ihre Texte und Fotos aus den Familienarchiven verwenden zu dürfen.

ZUR 5. AUFLAGE 2015

Erweiterungen:
- Die Bewerbung von Max Lazarus im Winter 1891/92 von Meschede für die Religionslehrer–und Kantorenstelle in Lübbecke; aus: Erinnerungen an Meschede1889/92; vom Enkel Chaim Lazarus im Familienarchiv wiedergefunden.
- Vorlagen für Deutschaufsätze für Volksschüler von Max Lazarus, 1911.
- Max Lazarus, Neffe des Lübbecker Max Lazarus, als Gestalter der Lübbecker Synagoge 1928. Dafür danke ich Frau Dr. Bärbel Schulte für die Verwendung von Texten und Bildern aus: Max Lazarus (1892 – 1961) Trier – St. Louis – Denver. Ein jüdisches Künstlerschicksal, Trier 2010.

Weiteren Dank an Günther Oelschläger, der mich ermutigte diese Dokumentation zu veröffentlichen und an seine Familie, die in ihrer „Bücherstube" in Lübbecke viele Exemplare dieser Veröffentlichung verkauft haben; sowie ein letzter Dank an Christel Droste vom Lübbecker Stadtarchiv und an meine Frau Inge für ihre Unterstützung bei der Herstellung dieser Dokumentation. Alexander Räber

I. VOM PESTSTEIN 1350 BIS 1679
II.

Der Peststein von 1350

Nachdem Lübbecke als „hlidbeki" erstmals 775 in den fränkischen Reichsannalen als Ort eines sächsischen Überfalls auf ein fränkisches Heerlager erwähnt worden ist, entwickelte sich im Laufe der nächsten Jahrhunderte ein kleiner Ort mit Kirche und Markt. Als 1279 der Mindener Bischof Volquin von Schwalenberg diesem Marktflecken die Stadtrechte verleiht, dürften schon jüdische Familien in Lübbecke gewohnt haben, die dann 1350 am Ende der Pestzeit pauschal auf dem Gedenkstein als Opfer des ersten Pogroms genannt werden: ...Judei occidebantur ..." (... als die Juden getötet wurden ...). Dokumente über die Inschrift hinaus liegen nicht vor. Es wird mit dem Rathausbrand von 1705 zusammenhängen, als alle Urkunden zur Lübbecker Stadtgeschichte verbrannten.

Helmut Hüffmann, Kirchenerweiterung im 14. Jahrhundert

Zwei Gedenksteine am Nordportal weisen bei gleichlautendem Inhalt, aber unterschiedlicher Fassung – einer gotischen oberhalb des Barkhausenschens Epitaphs und einer barocken über dem Nordportal - auf die Erweiterung des romanischen Kirchenbaues hin. Der ursprüngliche Stein, den das Barkhausensche Epitaph verdeckt, führt folgende Inschrift:

ANNO DOMINI M° CCC°L°. ANNO JUBILE QUO FLAGELLATI IBANT PESTIS FUIT JUDEI OCCIDEBANTUR AMPLIFICATA EST HAEC ECCLESIA

Gedenkstein in der ersten Fassung von 1350

(Im Jahre des Herren 1350, dem Jubeljahr, als die Geißler auf den Straßen waren, die Pest war, die Juden getötet wurden, ist diese Kirche erweitert worden).

Gedenkstein in der zweiten Fassung, um 1700

Die Inschrift auf dem Peststein:

Der Hinweis auf die Judenpogrome ist sicher nicht allgemein zu werten, sondern örtlich auf Lübbecke zu beziehen. Die mit der Pestwelle einhergehenden Pogrome hängen mit dem Vorwurf der Christen zusammen, die Juden hätten die Brunnen vergiftet oder hätten zur Vergiftung angestiftet. Außerdem hätten sie andere Gelegenheiten wahrgenommen, Gift auszustreuen. Papst Clemens VI. nahm Stellung gegen die unsinnigen Vorwürfe, jedoch ohne jeden Erfolg. Der ständige Vorwurf der Christen, die Juden seien die Mörder Christi, drängte alle moralischen Skrupel beiseite. Die unruhigen Zeiten, äußere Not und Bedrohung hatten die Städte über die bürgerliche Freizügigkeit hinaus anziehend gemacht. Hatte Bischof Volquin von Schwalenberg 1279 um Neubürger geworben, so war in wenigen Jahrzehnten darnach die Stadtbevölkerung so stark angewachsen, dass eine Kirchenerweiterung unumgänglich war. Durch die kargen Worte der Inschrift an St. Andreas schimmert der Wunsch des bedrängten Menschen trotz der ihn umgebenden Not einen Kirchenraum zu schaffen, der seiner Frömmigkeit und Hoffnung auf die göttliche Hilfe Ausdruck geben sollte in einer Zeit, als die Geißler das Kommen des Antichristen verkündeten.
H. Hüffmann, Die St. – Andreas – Kirche, S. 44

Die Pestepidemie von 1347 bis 1350, die mit ca. 30 Millionen Todesopfern fast ein Drittel der Bevölkerung Europas hinwegraffte, war die bisher größte Epidemie in der Geschichte der Menschheit. Die von Hüffmann genannten Pogrome dürften in mehreren hunderten deutschen Städten wohl zehntausenden Juden das Leben gekostet haben. Wer von ihnen überlebte, flüchtete in das Königreich Polen, wo Juden damals willkommen waren.
In den jüdischen Siedlungsgebieten in Galizien, östlich von Krakau, entstand später aus dem moselfränkischen Deutsch, vermischt mit hebräischen und slawischen Sprachanteilen das Jiddische als neue Sprache, die um 1900 von fünf Millionen Ostjuden gesprochen wurde. Es ist die Sprache der osteuropäischen Pogromflüchtlinge um 1890, von denen Lazarus in seinen Meschede-Erinnerungen schreibt.
Der Lübbecker Peststein ist als steinernes Dokument einzigartig in Mitteleuropa und kann verglichen werden mit den späteren sogenannten Pestsäulen in süddeutschen und österreichischen Bereichen als Erinnerung an Pestepidemien im 16. und 17. Jahrhundert. Am bekanntesten ist die Pestsäule, die in der Wiener Altstadt steht.
Die „Jubeljahre" als spezielle Ablassjahre der Katholischen Kirche kennen wir heute besser unter dem Namen „Heilige Jahre". Das Jubeljahr 1350 war nach dem 1. Jubeljahr 1300 erst das 2. Jubeljahr. Später wurden die Abstände auf 25 Jahre verkürzt und darüber hinaus werden „Heilige Jahre" zu besonderen Anlässen bis heute unregelmäßig gefeiert.

Dieter Zassenhaus in der ersten Dokumentation zur Geschichte der Juden in Lübbecke, 1988:

Zur Geschichte der Lübbecker Juden / Pogrom im Jahre 1350

„Bluth-Bad auf dem Kirch-Hoffe" als Notwehr gegen Juden bemäntelt

Lübbecke. Seit über zwei Jahren wird die Geschichte der Juden in Lübbecke im Rahmen einer von der Stadt und der Bundesanstalt für Arbeit geförderten Maßnahme erforscht. Die Anregung dazu gaben der Arbeitskreis „Geschichte der Juden in Lübbecke" und ehemalige jüdische Bürger der Stadt. Im ersten Jahr waren zwei Historikerinnen mit der Aufarbeitung beschäftigt, seit einem Jahr der Historiker Dieter Zassenhaus, der anläßlich der Gedenkwoche des Novemberpogroms die Gesamtstudie als Sonderdruck der Stadt Lübbecke vorlegen wird. Zassenhaus hält auch am 7. November einen Vortrag über das Leben der jüdischen Gemeinde in der Zeit des Nationalsozialismus (19.30 Uhr im Vortragsraum der Sparkasse). Dort kann man auch den Sonderdruck erwerben. In mehreren Folgen werden wir Auszüge aus der Studie vorabdrucken. Hier der erste Teil:

Ein Gedenkstein über dem Nordportal der St.-Andreas-Kirche in Lübbecke gibt den ersten und für lange Zeit einzigen Hinweis auf die Existenz der Juden in der Stadt (übersetzt): „Im Jahre des Herrn 1350, im Jubeljahr, in dem die Geißelbrüder umherzogen, die Pest gewesen ist, die Juden getötet wurden, ist diese Kirche erweitert worden."

In den Zeiten der verheerenden Pestepidemien des 14. Jahrhunderts wiederholten sich vielerorts die Verfolgungen von Juden, die man besonders seit Beginn der Kreuzzüge (1096) als vermeintliche „Mörder Christi", „Hostienschänder" und „Brunnenvergifter" für den Tod, das Elend und die Verarmung der Menschen verantwortlich machte. Von den auf dem sogenannten Peststein erwähnten Geschehnissen von 1350 gibt es noch andere Beschreibungen. Diese Zeugnisse sind allerdings zum Teil erst sehr viel später entstanden und sind damit nur mittelbare Beweise.

Die um 1460 entstandene Beschreibung von Stadt und Stift Minden durch Heinrich Slon, genannt Tribbe, enthält ausführliche Beschreibungen Mindens und seiner Umgebung, also auch Lübbeckes. Darin berichtet Tribbe unter Anlehnung an den Dortmunder Dominikaner Johann Nederhoff über die Vorgänge während einer Pestepidemie in Minden im Jahre 1350. In Dortmund wie in Minden wurde den Juden vorgeworfen, daß sie vormals den Tod Christi und jetzt den Ausbruch der Pest verschuldet hätten. Deswegen wurden sie in Minden nicht wie in Dortmund „nur" vertrieben, sondern gleich des Nachts umgebracht. Das passierte im Sommer des Jahres 1350, etwa um den 21. Juli herum.

Über den genauen Hergang des Pogroms in Lübbecke erfährt man mehr aus einem Fragebogen, den der Magistrat von Lübbecke im Jahre 1724 auf Verfügung des preußischen Königs Friedrich Wilhelm I., der Regierung in Minden einzureichen hatte:

„Ob Juden vorhanden? Vor geraumen Jahren haben in dieser Stadt viele Juden gewohnet und da diese endlichen die Christen zu überwältigen sich vorgenommen und anno 1350 die Christen, da sie in der Kirche gewesen, überfallen, worauf dann ein Bluth-Bad derogestalt entstanden, daß die Christen die Juden mehrenteils getödtet, wovon in einem außgesetzetem Stein eingehauene verba (Worte) ,Anno Jubiaeo MCCCL quo pestis'... befindlich".

An anderer Stelle hatte der Schreiber dem Hinweis auf diesen „Peststein" folgende Darstellung derselben Geschehnisse vorangeschickt:

„... wie vor Jahren in dieser Stadt viele Juden gewohnet, dieselben die Christen, da sie in der Kirche gewesen, zu massacriren lüstern geworden, die Hand Gottes aber, dero boßhaftiges Vornehmen dahin abgewand, daß die Christen die Juden überwältigt und daher ein großes Bluth-Bad auf dem Kirch-Hoffe entstanden..." (nach Hans Nordsiek: „Lübbecke im 18. Jahrhundert").

Schon vor 1350 gab es damit vermutlich Juden in der Stadt Lübbecke. In besagtem Blutbad fanden die meisten von ihnen den Tod; die überlebenden wird man wie anderswo aus Lübbecke vertrieben haben. Für etwa zwei Jahrhunderte gibt es keine urkundliche Erwähnung von Juden in

Jüdischer Geldverleiher mit seiner Familie in Verhandlungen mit einem Bauern und einem Städter (Holzschnitt von 1491).

Lübbecke oder in Minden mehr. Bevor auf die Frage eingegangen werden soll woher der Magistratsschreiber das wissen konnte, wann das Archiv beim Rathausbrand von 1705 vernichtet worden war, wollen wir bei der angegebenen Begründung für den Mord an den Juden im Jahre 1350 verweilen.

Laut Angaben des Schreibers war es sozusagen Notwehr! Es wird behauptet, die Juden hätten die Christen in der Kirche ermorden wollen. Sicherlich war der Gottesdienst eine gute Gelegenheit, möglichst viele Christen an einem Ort versammelt anzutreffen. Es ist jedoch völlig absurd anzunehmen, daß die Juden ernsthaft erwogen hätten, die Bevölkerung von Lübbecke in der Kirche zu „massacriren".

Lediglich in der Mitte des 19. Jahrhunderts erreichte die Zahl der Juden in Lübbecke fast einen Anteil von fünf Prozent an der Stadtbevölkerung. Zu allen anderen Zeiten muß von einem deutlich geringeren jüdischen Bevölkerungsanteil ausgegangen werden. Selbst wenn es wenigen Juden gelungen wäre, eine solche Tat durchzuführen, wohin hätte sich dann eine so kleine Schar Juden mit ihren Familien vor dem dann berechtigten Zorn aller Christen retten sollen?

In Wirklichkeit war es wohl so: Der seit früheren Pestepidemien den Juden entgegengebrachte Groll wurde in der Kirche noch geschürt, um dann eines Tages im Jahre 1350 aufgebrachte Christen dazu zu verleiten, die Juden, derer sie habhaft werden konnten, auf den Kirchplatz zu schleppen und sie dort umzubringen: „... die Juden zu massacriren lüstern geworden, die Hand Gottes aber, dero boßhaftiges Vernehmen dahin abgewand, daß die Christen die Juden überwältiget..."

Gottes Hand hatte die Christen davor bewahrt, den „mordgierigen" Juden zum Opfer zu fallen! Hier wurde dem Mord an den andersgläubigen Juden das Mäntelchen der Notwehr aufgrund göttlicher Vorsehung umgehängt!

Wohin auch immer die überlebenden Juden 1350 geflohen sein mögen, für die nächsten zwei Jahrhunderte gibt es keine Hinweise darauf, daß in Lübbecke oder Minden längere Zeit Juden ansässig gewesen wären.

Marianne Goch, Lübbecker Germanistin und Historikerin, eröffnet mit einem geschichtskritischen Text über den Peststein ihr Buch „Im Aufbruch. Biographien deutscher Jüdinnen" (Glückel von Hameln, Esther Liebmann, Fromet Mendelssohn, der Frau von Moses Mendelssohn, und Betty Heine, der Mutter Heinrich Heines):

Der Platz an der evangelischen Andreaskirche in Lübbecke ist ein friedlicher Ort: ein wuchtiger Kirchturm, um den die Dohlen kreisen, ein romanisches Kirchenschiff mit reichem Bildschmuck. Niemals scheint irgendein kriegerisches Geschehen zerstörend auf Stadt und Kirche eingewirkt zu haben. Noch heute erweckt die kleine Stadt den Eindruck, im Windschatten der Ereignisse zu liegen, die großen sozialen, kulturellen und politischen Bewegungen nur mit Verspätung wahrzunehmen.
Das muß seit Gründung vor über tausend Jahren so gewesen sein. Jahrhundertelang ein kleiner Ackerbürgerort, war sie genügsamer Marktmittelpunkt einer unspektakulären Region.
Aber wohlhabend und langsam wachsend, im dreizehnten Jahrhundert zur Stadt erhoben und mit Graben und Mauer versehen. Der Innenraum der romanischen Kirche reicht nicht mehr aus und erhält im Jahre 1350 gotische Seitenschiffe. Über dem Eingangsportal wird aus diesem Anlaß ein Gedenkstein angebracht: „Im Jahre des Herrn 1350, dem Jubeljahr, als die Geißler auf den Straßen waren, die Pest war, die Juden getötet wurden, ist diese Kirche erweitert worden."
Die Inschrift ist bestürzend aktuell. Ihr Text zerreißt gleichsam den Eindruck beschaulicher Ruhe und historischer Verspätung, stellt jene Ereignisse, die um 1350 ganz Europa bewegen, auch für die winzige Ackerbürgerstadt im nördlichen Westfalen in eine Ablaufkette: Pest, Geißler, Judenmord. Nüchtern festgehalten und für alle Zeiten eingemeißelt am wichtigsten Bauwerk der Stadt, dem Mittelpunkt des geistigen Lebens. Christliche Kirche und Judenmord. Hier haben die ZeitgenossInnen und ZeugInnen, vielleicht gar die TäterInnen selbst, die jahrtausendealte Verfolgungsgeschichte nüchtern auf den Punkt gebracht: Die Verfolgung des Judentums ist eine ihrer Existenzbedingungen.

Neues jüdisches Leben um 1550

Für eine lange Zeit nach den Morden und Vertreibungen der jüdischen MitbürgerInnen aus Hunderten deutschen Städten gibt es auch für Lübbecke keinerlei Hinweise auf jüdischen EinwohnerInnen; erstmals nach über zweihundert Jahren, als Lübbecke 1550 evangelisch – lutherisch geworden ist.
Der Historiker Bernd – Wilhelm Linnemeier schreibt in seinem über achthundert Seiten umfassenden Werk: „Jüdisches Leben im Alten Reich. Stadt und Fürstentum Minden in der Frühen Neuzeit" (1540 bis 1806):
Am 7. September 1553 wenden sich Ritterschaft, Bürgermeister und Rat zu Lübbecke an die Stadt Minden mit der Bitte, einen Lübbecker Juden namens Joest, der als Handelsvermittler zwischen dem Mindener Backamt und einigen Lübbecker Bürgern unverschuldet in Minden inhaftiert worden ist, möglichst bald freizulassen. Es ist, wie die Lübbecker sich verlauten lassen, „unße fruntliche bitte und begehrn, den armen teufell wyllen weder up de pothen komen lathen", da er an der Nichteinhaltung eines vereinbarten Kaufes völlig unschuldig sei. Von großer Wichtigkeit ist ein Nebensatz zu Beginn des Lübbecker Schreibens, innerhalb dessen festgestellt wird, dass sich Joest „nhun jar edder der ungeferlich by uns entholden" habe. Hiermit wäre sein Zuzug nach Lübbecke, über dessen genauen Zeitpunkt man sich offenbar nicht ganz im klaren war, in die Zeit zwischen 1550 und 1552 zu datieren (S. 48).

Rettete der Jude Meyer Samuel die St. Andreaskirche 1679?

Aus vielen Duzenden Hinweisen auf jüdisches Leben in Lübbecke scheint eine Quelle herauszuragen: die mögliche Rettung der Andreaskirche durch einen Lübbecker Juden.
Der geschichtliche Hintergrund
In den Jahrzehnten nach dem Dreißigjährigen Krieg führten die europäischen Staaten eine Vielzahl von Kriegen, wobei die Koalitionen häufig wechselten. Aber durchgehend war die Diplomatie davon bestimmt, den Hegemonieanspruch über Europa durch den „Sonnenkönig" Ludwig XIV von Frankreich in Schranken zu halten.
Als der preußische Große Kurfürst nach seinen Siegen über die Schweden das von jenen besetzte Vorpommern in seinen Besitz bringen wollte und deshalb nicht zu Friedensverhandlungen bereit war, überschritt im April 1679 ein französisches Heer den Rhein und rückte plündernd in die Grafschaft Mark ein, wo ihm ein Landaufgebot von Bauern Widerstand zu leisten suchte. Die immerhin 12000 Mann starken brandenburgischen Truppen mussten sich nach Osten zurückziehen, während die Franzosen an Bielefeld vorbei bis vor die Tore Mindens zogen, um die Stadt zu belagern. Eine französische Truppeneinheit bedrohte auch Lübbecke. Und es ist erstaunlich, dass die Lübbecker Bürgerschaft, die noch einige Jahre zuvor „angesichts einer zukünftigen jüdischen Präsenz den völligen Ruin der Stadt heraufbeschworen hatten, (sich) in der Folgezeit nicht über ihre Juden beklagen (konnten). Es war nämlich kein geringerer als Meyer Samuel, der während der französischen Invasion des Jahres 1679 durch bare Zahlung einer nicht unerheblichen Geldsumme die bereits geplante Demolierung der Stadt – und Stiftskirche St. Andreas zu verhindern wusste". (Linnemeier, S. 383f.)
Kommentar: Die Überprüfung der Linnemeierschen Quelle ergibt:
Nach dem Wortlaut hat der Lübbecker Jude Meyer Samuel mehreren Lübbecker Bürgern Geld geliehen, um dem Magistrat überfällige Steuern zahlen zu können. Mit

diesem Geld könnte die Stadt die geldlichen Forderungen der französischen Madodeure erfüllt haben, so dass man sagen kann: die Kredite des Meyer Samuel haben es ermöglicht, die St. - Andreas – Kirche vor Ausplünderung und Brandschatzung zu retten.

II. JÜDISCHES LEBEN IN LÜBBECKE VON 1815 BIS 1933

Aus der Studie von Dieter Zassenhaus,

Teil II: Situation um das Jahr 1824

„Sämtliche Israelitische Einwohner stehen in gutem Ruf"

Der zweite (gekürzte) Vorabdruck aus der Studie zur Geschichte der Juden in Lübbecke von Dieter Zassenhaus geht aus von der Situation der Lübbecker Juden im Jahre 1824 und skizziert ein soziales Profil dieser gesellschaftlichen Gruppe.

Aus dem Jahre 1824 liegt eine ausführliche Aufstellung über die familiären und wirtschaftlichen Verhältnisse aller jüdischen Familien vor. Hier wurden die Anzahl der männlichen und weiblichen Familienmitglieder aufgeführt, wobei Knechte und Mägde mit zur Familie gezählt wurden. Diese sind dann noch einmal nach Erwachsenen und Kindern aufgeschlüsselt. Weiterhin ist der Beruf des Familienoberhauptes angegeben.

Für die meisten Familien findet sich hier die Eintragung „Handlung und Ellenwaren". Bei Aaron Mergentheimer kam „Schlachten" hinzu. Abraham Münstermeyer war ausschließlich Schlachter. Für Levi Rosenbaum wird „treibt Galanterie Handel" angegeben. Jacob Blumenfeld war Pferdehändler, Abraham Bernstein arbeitete als Schlachtergehilfe bei Münstermeyer. Itzig Baruch und Schönchen Meyer mußten von der Judenschaft unterstützt werden.

In einer weiteren Rubrik wurde notiert „Welcher Grund Eigenthum besitzt"... „Familie, wie ist es in deren Hände gekommen, wie wird es benutzt?" Danach wurde in der nächsten Spalte das „Mutmaßliche Vermögen" geschätzt...

Damit lebten am 16. August 1824 in Lübbecke 56 jüdische Bürger; 13 Männer, 13 Söhne, 11 Frauen, 9 Töchter, 9 Mägde und 3 Knechte.

In einer weiteren Rubrik in diesem Verzeichnis ist der erste Hinweis auf die schulische Situation der über zwanzig Kinder und Jugendlichen zu finden. Unter der Überschrift „Unterricht welchen die Kinder genießen" wurde folgendes notiert: „Der Schullehrer Behr Salomon aus Biala in Litauen gebürtig unterrichtet sei 3 Jahren die Israelitische Jugend im Hebräischen, und außerdem nehmen die Kinder theil an dem Unterricht der hier bestehenden Stadtschule beym Conrektor. Der Behr Salomon versieht auch den Gottesdienst in der Synagoge."

Unter „Bemerkungen" finden wir in der letzten Rubrik des Verzeichnisses folgenden Kommentar des Bürgermeisters:

„Die beyden Israelitischen Einwohner Boas und Rosenberg zeichnen sich durch gute Erziehung ihrer Kinder aus. Ersterer hat einen Sohn (Meyer Bendix 1803–1881) auf der Universität in Göttingen im Medizinischen Studium, ein zweiter Sohn legt sich auf das Baufach, so wie einer derselben bey dem Goldarbeiter Eckel sich als Gold- und Silberschmidt gebildet hat."

In einer schmalen Spalte findet sich noch einmal eine aufschlußreiche Bemerkung. Hier stellte der Bürgermeister den jüdischen Bürgern ein erstklassiges Zeugnis aus: „Sämtlich hier aufgeführte Israelitische Einwohner stehen in gutem Ruf und bezeugen bey jeder Gelegenheit ein rechtliches Betragen."

Die Tatsache jedoch, daß er es überhaupt für notwendig hält, einer Gruppe von Bürgern eine Art Zeugnis über ihr Betragen auszustellen, beweist, daß die jüdischen Bürger als Minderheit, wenn nicht sogar als Fremdkörper betrachtet wurden, deren Verhalten genug beobachtet werden mußte. Daran wird ganz deutlich, daß Juden nach wie vor Bürger zweiter Klasse waren.

Es ist jedoch anzunehmen, daß die christlich-jüdischen Beziehungen in Lübbecke oberflächlich gut waren.

Aus den Akten sind keine antisemitischen Ausschreitungen bekannt, die für 1819 in Enger, 1843 in Minden und 1844/45 in Geseke belegt sind.

Unter der westfälischen Landbevölkerung kam es im 19. Jahrhundert immer wieder zu meist ökonomisch oder religiös motivierten antijüdischen Aktionen. In den Städten war oft der Neid der Kleinbürger der Nährboden für Auswüchse.

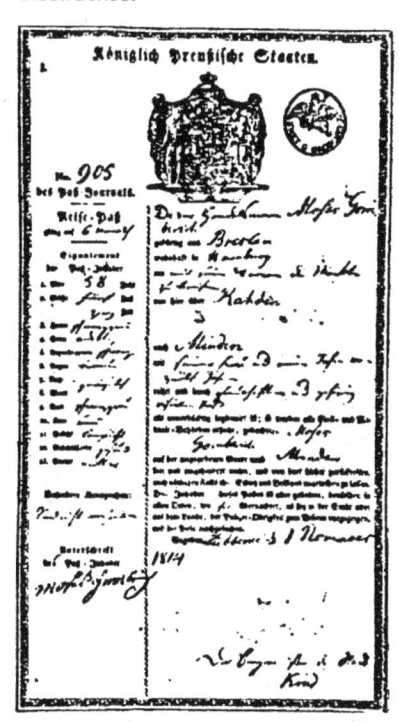

Ein vom Lübbecker Bürgermeister Kind am 1. November 1814 ausgestellter Paß für die Reise eines jüdischen „Handelsmannes" von Lübbecke über Rahden nach Minden.

Betrachtet man nun diese für Westfalen damals gängigen Vorurteile und Entwicklungen und vergleicht sie mit der Situation der jüdischen Gemeinde in Lübbecke, so wird deutlich, daß dort die meisten Voraussetzungen für eine antisemitische Haltung der Bevölkerung gegeben waren. Der relative bzw. große Reichtum der jüdischen Lübbecker in dem nach der napoleonischen Zeit verarmten Mindener Land weckte sicher die Begehrlichkeit manches Christen.

Innerhalb der Judenschaft gab es lange Zeit keinen Handwerker, geschweige denn einen Bauern. Wenn so viele Lübbecker Juden vom Handel mit Ellenwaren lebten, werden sie sicher eine erhebliche Konkurrenz für die christlichen Kaufleute in Lübbecke gewesen sein.

Die Zahl der jüdischen Bürger begann sich zu Beginn der dreißiger Jahre deutlich zu erhöhen, wofür Zuwanderung, aber vor allem hohe Geburtenraten, verantwortlich waren. Zwischen 1831 und 1835 stieg die Anzahl der jüdischen Bürger von 97 auf 119 und bis 1837 sogar zu der Höchstzahl von 131 Menschen. Bei einer Zahl von ca. 2 500 Einwohnern (die erste belegbare Zahl stammt aus dem Jahre 1846: 2 750) im Jahre 1837 waren es über 5 Prozent der Gesamtbevölkerung! Das war für den Regierungsbezirk Minden ein ungewöhnlich hoher Prozentsatz.

Noch 1824 lebten nur 58 jüdische Bürger in Lübbecke. Nur 13 Jahre später waren es mehr als doppelt so viele.

Bei einem durchschnittliche Zuwachs von etwa 20 Prozent auf der Ebene des gesamten Regierungsbezirkes zwischen 1821 und 1837 (genaue Zahlen für das Jahr 1837 bzw. für die Zahl von Juden im 1831 neugebildeten Kreis Lübbecke, der sich, bis auf kleinere Erweiterungen, weitestgehend mit dem ehemaligen Kreis Rahden deckte, existieren nicht) muß die Zahl der jüdischen Bürger 1837 im Kreis Lübbecke etwa 260 Menschen oder 0,7 Prozent betragen haben. Wenn davon 131, also die Hälfte, in Lübbecke lebten, beweist das einerseits die hohe Attraktivität Lübbeckes für jüdische Bürger, andererseits wird es in den Köpfen vieler christlicher Bürger Lübbeckes Ängste vor zu großer Konkurrenz und Überfremdung geweckt haben.

In der Überlieferung gibt es für die Stadt Lübbecke jedoch bis in die dreißiger Jahre dieses Jahrhunderts keine Hinweise auf offenen und verbreiteten Antisemitismus. Einer der Gründe dafür war sicherlich, daß die meisten jüdischen Bürger alteingesessene und vorbildliche Bürger waren.

Wie u. a. die fortschreitende Angleichung in der Grabsteingestaltung an die christlichen Bräuche zeigt, wurde die Kluft zwischen Juden und Christen im 19. Jahrhundert zunehmend kleiner. Bald lebte man friedlich zusammen, aber nebeneinander her. In Lübbecke traten weder Juden zum christlichen Glauben über, noch gab es christlich-jüdische Eheschließungen. Wenn man gesellschaftlich miteinander verkehrte, werden Freundschaften eher die Ausnahme gewesen sein. Man blieb für sich.

Das Verhältnis von Juden und Christen hatte eine schmale Basis, die kaum größere Erschütterungen ertragen konnte.

In den nächsten einhundert Jahren jedoch sollten sich die Juden zunehmend integriert fühlen, von den 60er jahren an wurde die jüdischen Gemeinde immer kleiner, weil viele Juden in die Städte an Rhein und Ruhr drängten, die im Zuge der Industrialisierung immer mehr Menschen Arbeit und Brot boten. Zu Beginn der 30er Jahre dieses Jahrhunderts umfaßte die Gemeinde mit 64 Personen nur etwa halb so viel Menschen wie einhundert Jahre vorher.

In wenigen Jahren demütigten, terrorisierten, vertrieben und vernichteten die Nationalsozialisten die teils seit Jahrhunderten in Lübbecke ansässigen Juden.

Die beiden jüdischen Friedhöfe

Der dritte Vorabdruck aus der Studie über die Geschichte der Lübecker Juden von Dieter Zassenhaus befaßt sich mit den jüdischen Friedhöfen in Lübbecke. (Anmerkungen und Quellenhinweise haben wir weggelassen.)

In Lübbecke gibt es zwei noch erhaltene jüdische Friedhöfe. Den Friedhof an der nordöstlichen Ecke des städtischen Friedhofs (seit 1839 benutzt) an der Gehlenbecker Straße kennen viele Lübbecker. Daß es jedoch auch noch einen alten jüdischen Friedhof gibt, wissen oft selbst lokalgeschichtlich kundige Lübbecker nicht. Er liegt abseits inmitten einer Weide in unmittelbarer Nähe des Umspannwerks am nördlichen Rand des Lübbecker Industriegebietes an der „Feldmark".

Über einen schmalen Zugang betritt man links den kleinen Friedhof. Die viereckigen Säulen, die dem schmiedeeisernen Tor als Einfassung dienen, sind nach dem Zweiten Weltkrieg entfernt worden. Das Tor wurde von einem Altwarenhändler mitgenommen. Ein Teil einer der beiden Säulen liegt heute noch im angrenzenden Feld.

Der Friedhof, der ursprünglich von einer hohen Hecke umgeben war, ist im Rahmen der Instandsetzung nach 1945 mit einem Stacheldrahtzaun eingefaßt worden, da die Hecke völlig verwuchert war. Hohe Bäume und nach dem Krieg gepflanzte Büsche werfen ihre Schatten auf die 34 Grabsteine.

Obwohl es lediglich 34 Steine sind, von denen ein Großteil Verwitterungsschäden aufweist, ist dieser Platz voll belegt, einige Steine haben Bruchstellen, oder es sind Kanten abgebrochen. Der Sandstein, aus dem die Grabsteine bestehen, hat den Umwelteinflüssen nur bedingt standgehalten, so daß leider einige der hebräischen Inschriften kaum noch zu lesen sind. Sieben der Grabsteine sind auf ihren Rückseiten mit kurzen Angaben in deutscher Sprache versehen (meist Vor- und Zuname, geborene..., Geburtsdatum, Sterbedatum und Alter).

An der Tatsache, daß die Grabsteintraditon von dem alten Brauch einer Beschriftung in hebräischer Sprache abzurücken beginnt, zeigen sich die Veränderungen der rechtlichen und sozialen Stellung der Juden in der bürgerlichen Gesellschaft des 19. Jahrhunderts. die rechtliche Gleichstellung der Juden mit den christlichen Bürgern seit 1809 und ihre zunehmende Aufnahme in Wirtschaft und Gesellschaft des Bürgertums als gleichberechtigte Partner führt dazu, daß „... in der zweiten Hälfte des 19. Jahrhunderts... immer häufiger neben den hebräischen Inschriften — zunächst auf der Rückseite des Grabsteins — deutsche Inschriften und auch Sterbedaten nach dem christlichen Kalender auftauchen."

Andere Grabsteine aus dieser und späterer Zeit weisen gemäß jahrhundertealter Tradition nur hebräische Schriftzeichen auf. In der jüdischen Gemeinde Lübbeckes gab es offensichtlich einige religiös liberal eingestellte und gesellschaftlich integrierte Familien, während andere Familien stärker traditionell orientiert waren.

Früher lag der alte Friedhof „eine halbe Stunde vor der Stadt", wie sich der Lehrer und Kantor der jüdischen Gemeinde von 1892 – 1938, Max Lazarus, erinnert. Im Mittelalter entsprach es den Gepflogenheiten, daß jüdische Friedhöfe im Gegensatz zu den christlichen Begräbnisstätten, die sich oft in unmittelbarer Nähe der Kirche(n) befanden, außerhalb der Stadtmauern lagen, z. B. in Rahden und Pr. Oldendorf. Nach jüdischem Recht dürfen die Friedhofsanlagen auch nicht innerhalb der Gemeinde sein.

„... zum anderen kommt darin auch die seit Jahrhunderten tradierte und dann in den Jahren der Kreuzzüge und der Pest besonders virulente Judenfeindschaft zum Ausdruck... Häufig erhalten sie (die jüdische Gemeinde)... Gelände, das niemals als Friedhof angeboten worden wäre, da es wegen seiner Hanglage oder seines dichten Waldbestandes kaum zugänglich oder aufgrund der Entfernung von der Ortschaft nur mühsam zu erreichen ist."

In diesem Sinne ist auch die Lage des alten jüdischen Friedhofs in den Niederungen nördlich der Stadt zu sehen. Die Begräbnisstätte liegt noch heute eine gute halbe Stunde vom Zentrum entfernt inmitten von wasserreichen Wiesen, jenseits des Industriegebietes in der Nähe des 1910 – 1914 entstandenen Mittellandkanals.

Wann dieser Friedhof zum ersten Mal benutzt wurde, ist unbekannt. Max Lazarus konnte Jahreszahlen ... der hebräischen Grabsteininschriften bis zur Mitte des 18. Jahrhunderts feststellen." Nach den Aussagen eines alten Gemeindemitgliedes (1892 — gegenüber Lazarus) gab es in der Nähe dieses Friedhofs eine noch ältere jüdische Begräbnisstätte. Vermutlich mußte auch dieser Platz aufgrund seines zu hohen Grundwasserspiegels aufgegeben werden. Jedenfalls sollen die Verstorbenen auf den Friedhof an der Feldmark überführt worden sein. Aufgrund der topographischen Gegebenheiten in dieser Gegend ist anzunehmen, daß dieser Friedhof nördlich, möglicherweise jenseits des Kanals, liegt. Sein Ort ist jedoch seit über hundert Jahren unbekannt.

Im Jahre 1861 bemühte sich der Vorstand der Synagogengemeinde um einen neue Friedhofsplatz, der näher bei der Stadt liegen sollte. Gegenüber der Königlichen Regierung wurde dies folgendermaßen begründet:

„Dieser Platz (an der Feldmark)... ist sehr niedrig und wasserreich, außerdem vollständig gefüllt, so daß kaum Leichen mehr darauf bestattet **direkt neben dem evangelischen und** Gemeinde einen 1 700 qm großen Platz direkt neben dem evangelischen und katholischen Friedhof der Stadt Lübbecke und dem der Oberbauerschaft. Die Lage des neuen Begräbnisplatzes am Rande des allgemeinen Friedhofs neben dem der Christen zeigt das wesentlich höhere Maß an Aufnahme und Anerkennung durch die bürgerliche Gesellschaft Lübbeckes Mitte des 19. Jahrhunderts.

Das neue Selbstverständnis der jüdischen Bürger zeigt sich in den offensichtlichen Veränderungen der Grabsteingestaltung auf dem „neuen" Friedhof. Während die erhaltenen Grabsteine auf dem alten Friedhof alle von ähnlicher Form und Gestalt (ein hochkantstehendes Rechteck häufig durch einen Giebel oder Bogen abgeschlossen) sind und überwiegend mit hebräischen Schriftzeichen beschriftet sind, finden wir auf dem Friedhof an der Gehlenbecker Straße zwar teilweise noch gemäß alter Tradition gestaltete Grabsteine, die Mehrzahl der Steine ist jedoch entsprechend dem Brauch der Zeit aus verschiedenen Materialien und von verschiedenster Gestalt.

Neben Grabplatten auf kleinen Sockeln und im Jugendstil gestalteten Monumenten findet man Obeliske, mehreckige und runde Säulen, Andeutungen eines Miniaturtempels u. a. Daran zeigt sich ein hohes Maß an Assimilation und Integration.

Spätestens seit 1939 wurden die beiden jüdischen Friedhöfe nicht mehr gepflegt. Sie verwilderten und wurden von Grün überwuchert. Einzelne Grabsteine wurden vermutlich damals mutwillig beschädigt. Über eine wie in vielen anderen Orten geschehene Schändung der Friedhöfe durch Nazibanden von Rowdies ist in Lübbecke nichts bekannt. Angeblich wurde jedoch während des Krieges der große Gedenkstein für den im Ersten Weltkrieg gefallenen Max Löwenstein von Nazis vergraben.

Da er heute wieder an seinem Platz steht, kann man annehmen, daß er kurz nach Ende des Krieges von Nazis wieder ausgegraben und hergerichtet wurde. Denn im Sommer des Jahres 1945 mußten auf Befehl der Engländer die mittleren Funktionäre (die hohen Nazis waren interniert) der nationalsozialistischen Organisationen in Lübbecke den jüdischen Friedhof an der Gehlenbecker Straße wieder in Ordnung bringen.

Im Dezember 1945 erging die Anweisung des Oberpräsidenten der Provinz Westfalen in Münster an alle Gemeinden, daß ...... sämtliche Personen, die am 9. 11. 1938 Mitglied der SA waren..." zu Instandsetzungsarbeiten auf jüdischen Friedhöfen heranzuziehen seien. Ob daraufhin ehemalige SA-Leute in Lübbecke eine symbolische Sühneleistung für ihr schändliches Verhalten gegenüber der jüdischen Bevölkerung Lübbeckes auf dem Friedhof der verwaisten Synagogengemeinde erbrachten, ist unbekannt.

Die Kosten für Unterhaltung und Pflege der jüdischen Friedhöfe, die geschlossen sind, weil es im Land des Holocaust nur noch wenige kleine jüdische Gemeinden gibt, werden je zur Hälfte vom Land und der Gemeinde, zu der sie gehören, getragen.

(D. Zassenhaus, Neue Westfälische v. 3.11.1988)

Zur Geschichte der Synagoge der jüdischen Gemeinde

Die Synagoge auf dem Westrupschen Hof und ihre Vorläufer

Synagoge auf Adelshof war unvorstellbar

Von Helmut Hüffmann

Neue Westfälische, Nr. 268
Sonnabend, 16. November 1996

Lübbecke. Zwischen den Geschäften Hehemeyer und Krämer an der Bäckerstraße liegt in der Innenstadt der „Platz der Synagoge". Eine Erinnerungstafel und ein Gedenkstein erinnern an die frühere jüdische Gemeinde und die Synagoge, die in den frühen Morgenstunden des 10. November 1938 von fanatisierten Schergen des Hitler-Regimes in Brand gesetzt wurde. Die hier um die Mitte des 18. Jahrhunderts in einem ehemaligen Wirtschaftsgebäude, dem Vorwerk des Westrupschen Burgmannshofes, eingerichtete Synagoge befand sich auf dem Grundstück eines Adelshofes. Aus rechtlichen Gründen kann die Synagoge hier nicht immer gestanden haben. Die Lübbecker Adels- und Burgmannshöfe waren in das Lehnssystem der feudalen Gesellschaft ihrer Zeit eingebunden. Eine Synagoge auf einem Adelshof war in der vom damaligen Christentum geprägten Gesellschaft unvorstellbar.

Bereits vor der Französischen Revolution waren in den deutschen Territorien Auflösungserscheinungen der überkommenden Standesgesellschaft erkennbar. Zwar bestanden noch die rechtlichen Formen der feudalen Gesellschaft fort in den Bindungen zwischen Lehnsherrn und Lehnsträger. Tatsächlich jedoch behandelten Lehnsträger ihre Höfe wie Eigengut. Die Erlaubnis des Lehnsherrn für einen Bau oder eine Verpachtung einzuholen, war eine Formsache. Es gab keine nennenswerten Schwierigkeiten, als Wilhelm Christian v. d. Recke auf Stockhausen als Besitzer des ehemaligen Westrupschen Hofes die königliche Genehmigung einholte, der jüdischen Gemeinde das Vorwerk zu verpachten, damit diese hier eine Synagoge und eine Schule einrichten konnte.

1725 war der städtische Syndikus Dr. Gülich mit einer Auseinandersetzung innerhalb der jüdischen Gemeinde befaßt. In diesem Zusammenhang wird die in „Isaacs Haus zu Lübke befindliche privat-Synagoge" erwähnt. Der Ausdruck „privat" ist nicht auf Synagoge zu beziehen, sondern auf das Haus, in dem sich die Synagoge befand. Hauseigentümer war der Lübbecker Schutzjude Isaac Joseph, Vorsteher der Lübbecker und Oldendorfer Judenschaft, wie es in einem Aktenvermerk heißt. Isaac Joseph besaß das verbriefte Recht des landesherrlichen Schutzes, wahrgenommen von der Stadt Lübbecke. Für den Schutz mußte eine Gebühr an den Landesherrn bezahlt werden. Um hier kein Mißverständnis aufkommen zu lassen, auch die christlichen Schutzbürger minderen Rechts hatten ihren Obolus zu entrichten, der zu den städtischen Einnahmen gerechnet wurde.

Es stellt sich nun die Frage, in welchem Haus die Synagoge zu dieser Zeit untergebracht war. Hinweise ergeben sich aus der Auflistung der Häuser und deren Taxation durch die Feuersozietät, d. h. durch die Feuerversicherung. Im Jahre 1723 wurde das Haus des Isaac Joseph auf 300 Reichstaler geschätzt. Eindeutig ist, daß das Haus an der Langen Straße lag. In der Liste der Hauseigentümer aus dem Jahre 1746 wird das Haus des Isaac unter der Hausnummer 54 geführt. Sie stimmt mit der heutigen überein, was im allgemeinen nicht der Fall ist. Es ist das Haus des späteren Uhrmachers Hüdepohl, heute Jocksch.

Im Jahre 1778 sollte dieses Haus versteigert werden. Eigentümer war

Die südliche Seitenansicht der Lübbecker Synagoge an der Bäckerstraße. Links der Anbau von 1855. Foto: Stadtarchiv

Leonhard Heinemann, Hamburg. Da das Haus auf königliche Anordnung hin, an einen Christen übergehen sollte, erließen „Ritterschaft, Bürgermeister und Rat" am 18. Juni 1778 die verlangte öffentliche Anordnung, die am Rathaus ausgehängt, in der Kirche bekanntgegeben und in den Wöchentlichen Mindenschen Anzeigen publiziert wurde.

Für das Jahr 1742 erscheint ein weiterer Hinweis auf den Standort der derzeitigen Synagoge. In der „Beschreibung der Häuser, Einwohner und Berufe" für die Stadt Lübbecke findet sich für das Haus Nr. 192 der Vermerk: „Johann Herm Farenkamp ist Eigentümer. Wird von den Juden zur Synagoge gebraucht". Das Haus Nr. 192 lag nach dem Stadtplan von 1829 am Steinweg. Das Haus wurde um die Mitte des 19. Jahrhunderts nicht mehr als Wohnhaus benutzt. Es diente als Scheune. Nach der Neunumerierung von 1907/08 erhielt das Anwesen die Hausnummer Steinweg Nr. 2.

Ein Aktenvermerk zur Feuerversicherung aus dem Jahre 1744 bezieht sich auf den Reckeschen Hof, „der an die Lange Straße grenzt". Gemeint ist der frühere Westrupsche Hof. In dem Vermerk werden genannt: das sogenannte neue Haus, das Pfort- und Nebenhaus, das große Vorwerk nebst der Juden Synagoge und die Mühle.

Daraus ist zu entnehmen, daß Schule und Synagoge im Vorwerk untergebracht waren. Das genannte neue Haus ist in der Lage identisch mit dem Altbau von Farbenhaus Krämer an der Bäckerstraße. Das Vorwerk wurde später von der jüdischen Gemeinde angekauft, vergrößert und im Jahre 1855 eingeweiht. Dazu heißt es in der Stadtchronik: „Nachdem die jüdische Gemeinde hier den Umbau des schon früher als Synagoge und Schule benutzten und von ihr später mit Vorplatz und Garten zum Eigentum erworbenen Gebäudes vollendet hatte, ist am 25. Mai die neue Synagoge eingeweiht worden, es sind die Thora-Rollen in feierlichem Zuge aus dem interimistischen Betlocal (Haus Nr. 9 des Gastwirts Meier) in die neue Synagoge gebracht worden, vor welcher der Herr Landrat v. d. Horst und der Magistrat den Zuge empfingen, und hat darauf feierlicher Gottesdienst in der erleuchteten Synagoge Statt gefunden". Das genannte Haus des Gastwirtes Meier entspricht dem späteren Westfälischen Hof (Kappelmann) an der Langen Straße neben dem Haus Deerberg.

Volker Beckmann, Zum Antisemitismus am Ende des 19. Jahrhunderts

In seinen zwischen 1943-48 im Kibbuz Jawne geschriebenen „Erinnerungen" berichtet Max Lazarus, der seit Anfang Mal 1892 von der Synagogengemeinde Lübbecke als Lehrer und Kantor angestellt worden war, dass ihm besonders in der Wahlkampfzeit vor den Reichstagswahlen im Jahre 1893 die antisemitischen „Schmähschriften und Hetzreden" einiger Politiker negativ aufgefallen seien. Insbesondere nennt Max Lazarus die Namen der konservativen Politiker Stoecker, Hofprediger a.D., Dr. König und Liebermann von Sonnenberg. Stoecker, dessen „Christlich-Soziale Arbeiterpartei" (einer geschlossenen Gruppe in der Konservativen Partei) in Berlin bei den Wahlen 1878 „weniger als 1500, die SPD dagegen 56000 Stimmen" erhalten hatte, wandte sich in der Folgezeit verstärkt an mittelständisch – bürgerliche Wähler, die sich durch die liberale Wirtschaftspolitik bedroht sahen. Größeren Rückhalt als in Berlin fand Stoecker in Westfalen. Nachdem er 1879, 1882, 1885, 1888 als Kandidat der Konservativen Partei den Wahlkreis Bielefeld, Herford, Halle im Abgeordnetenhaus repräsentiert hatte, vertrat er nach den Wahlen von 1893 den Wahlkreis Minden-Lübbecke, in dem der lutherische Pietismus traditionell verbreitet war. Nach Herzig war „Stoecker ... kein Vertreter des rassischen Antisemitismus."[1] Stoeöcker vertrat „die Idee vom christlich – protestantisch deutschen Staat", in dem es für Juden aufgrund ihrer Religion keine völlige Emanzipation geben konnte.

Der Konservative Liebermann von Sonnenberg war Anhänger der «völkischen Antisemitismusbewegung" und stand dem rassischen Antisemitismus nahe. Die Vertreter des völkischen Antisemitismus forderten, die Emanzipation rückgängig zu machen und diskriminierende Judengesetze zu erlassen. Schon in der Antisemitenpetition von1880/81 forderten Vertreter der völkischen Bewegung einen separaten Zensus für die Juden, ihren Ausschluss aus allen Regierungsämtern, eine Zulassungsbeschränkung für den Beruf des Richters, Lehrers u. Universitätsdozenten sowie das Verbot jüdischer Immigration. Die Forderungen dieses Typs des politischen Antisemiten wurden mit den NS – Berufsverboten und Rassegesetzen verwirklicht. Der Wittener Arzt Dr. König „gehörte zum konservativen Flügel der völkischen Antisemitenbewegung" im Rheinland und Westfalen. Der Zusammenschluss der westfälischen Antisemiten in sogenannten »Deutschen* oder „Patriotischen Vereinen" geschah unter der Regie von Dr. König. Sein Versuch, die völkische Bewegung auf dem Bochumer Antisemitentag am 10/11.6.1889 organisatorisch zusammenzufassen, scheiterte. Während sich die Antisemitenbewegung im Ruhrgebiet größtenteils aus Kleinbürgern rekrutierte, blieb ihr die Arbeiterschaft, sofern organisiert in der SPD, fern. Es war sicherlich kein Zufall, irt auf jüdischer Seite im Jahre 1890 der „Verein zur Abwehr des Antisemitismus' von liberalen Politikern und Publizisten gegründet wurde. Im Jahre 1893 wurde in Berlin der „Centralverein der deutschen Staatsbürger jüdischen Glaubens" gegründet, dessen Zielsetzung darin bestand, die staatsbürgerlichen Rechte seiner Mitglieder durchzusetzen und verschiedene Formen des Antisemitismus mit juristischen, publizistischen und dokumentarischen Mitteln zu bekämpfen.

Anm.:
1) Herzig, A., Judentum und Emanzipation in Westfalen. Münster 1973, S.127
(V. Beckmann, Dokumentation 1993, S. 94)

V. Beckmann, Zur Biographie von Max Lazarus (1869 -1949), Religionslehrer und Kantor von 1892 -1938 in Lübbecke

Die beiden Lehrer, die die längste Zeit im Kreis Lübbecke ihren Gemeinden in pädagogischer und kultischer Hinsicht dienten, waren Max Lazarus in Lübbecke und Max Rhein in Rahden. Max Lazarus wurde am 26.5.1869 als Sohn eines Seifensieders im Trierer Vorort Zurlauben geboren, besuchte sechs Jahre lang das Lehrerseminar der Marks-Haindorf-Stiftung, wo er am 18. Januar 1889 seine Abschlussprüfung bestand. Anschließend absolvierte er am 1.3.1889 seine erste Lehrerprüfung am Seminar zu Soest.[52] Bevor Lazarus seine Lehrer- und Kantorenstelle im Mai 1892 in Lübbecke antrat, hatte er von Mai 1889 bis April 1892 in der Synagogengemeinde Meschede im Sauerland gearbeitet."[53] In Lübbecke war Max Lazarus von 1892 bis nach der Reichspogromnacht als Lehrer und Kantor tätig. Er unterrichtete nicht nur die jüdischen Kinder aus Lübbecke, sondern erteilte auch den Kindern im benachbarten Preußisch Oldendorf und in Buer (Kreis Melle) während der 1890er Jahre Religionsunterricht und gab einigen christlichen Schülern der höheren Stadtschule in Lübbecke Nachhilfeunterricht.[54] Nach Ostern 1908 unterrichtete Max Lazarus in der 2. Klasse der neugebildeten Fortbildungsschule in Lübbecke die Fächer Handelsbetriebslehre, Wechselkunde, Buchführung, kaufmännisches Rechnen, Schriftverkehr und Handelsgeographie. Insgesamt war Max Lazarus über 20 Jahre lang an der örtlichen Berufsschule tätig. Während des Ersten Weltkriegs unterrichtete Lazarus auch die unteren Klassen der Höheren Stadtschule und der Töchterschule.[55] Am Ende des Ersten Weltkrieges (Ostern 1918-Ostern 1921) wurde auf Initiative des Lübbecker Bürgermeisters Pütz und des Landrates von Borries eine Familienschule im Sitzungssaal des Kreishauses gegründet, in der Lazarus einen Sohn des Landrates, einen Sohn eines Zigarrenfabrikanten, einen Sohn eines Bankbeamten und zwei Töchter einer Landadligen unterrichtete.[56] Während der Weimarer Republik leitete Lehrer Lazarus zwei Arbeitergesangvereine und war z.B. an der musikalischen Gestaltung des Verfassungstages am 11. August 1929 beteiligt.[57] In der NS-Zeit sorgte sich Max Lazarus um den Religionsunterricht für die jüdischen Kinder aller vier damals im Kreis Lübbecke bestehenden Gemeinden. Zu Chanukkah 5694 (13.12.1933) beispielsweise trugen die Kinder aus den vier Gemeinden Lübbecke, Preußisch Oldendorf, Levern und Rahden von Max Lazarus selbst verfasste Gedichte im Hause Heine in Rahden vor. Lore Weinberg (9 Jahre), die zehn Jahre später nach Auschwitz verschleppt wurde, spielte die Rolle des Juda Makkabi.[58] Der Text lautet wie folgt:

Bin Juda Makkabi, der Hämmerer genannt. In ungleichem Kampfe stand ich für mein Land. Mit winzigem Heere wir stritten den Streit. Die Gottesfahne gab uns das Geleit. „Wer ist wie Du, Ewiger, verherrlicht durch Macht?" Das war unsere Stärke in heisser Schlacht. Gott unser Sieg, Gott unser Schwert. Juda Makaabi das Heil`ge erwehrt, Gerettet den Tempel, aufs neue geweiht. Nun flammet, ihr Lichter, bringt glückliche Zeit! Nun ruhet mein Schwert. Die Hand dem Altar ich weihe mit meiner Kämpfer Schar. Kommt aber für Israel neue Not, ich hämmere, fürchte nicht den Tod. Denn Juda Makkabi heißt Hämmerer sein, nicht Menschen fürchten, nur Gott allein. Ihr Brüder in Israel, folget mir nach! Für Euer Heiligstes kämpfet, seid wach! O, hämmert es heute jedem ein: „Du musst Jude, Juda Makkabi sein!"[59]

Das alljährliche achttägige Chanukkahfest erinnert an die Wiedereinweihung des Tempels durch Juda Makkabi (Dez. 165 v. Chr.) nach der Entweihung durch die Seleukiden. Nach einer talmudischen Legende reichte das wenige Öl, das die

Makkabäer im Heiligtum vorfanden, in wunderbarer Weise acht Tage; zur Erinnerung daran wird am Chanukkah-Leuchter, beginnend mit einem Licht am ersten Tag, acht Tage lang jeweils ein weiteres Licht angezündet."[60]

In dem an der Synagoge von Rahden angeschlossenen Schulraum erteilte Max Lazarus den Kindern in den Sommermonaten noch bis zum Laubhüttenfest im September 1937 Religionsunterricht und der Viehhändler Richard Haas, 1. Vorsitzender der Gemeinde Rahden, wurde von ihm als Vorbeter geschult"[61]

Nach seiner Pensionierung bewarb sich Max Lazarus im Jahre 1936 als Kultusbeamter in der Gemeinde Vlotho und wurde nach Abhaltung eines Probegottesdienstes auch dort angenommen. Bis zur Pogromnacht leitete Max Lazarus weiterhin die Gottesdienste in der Synagoge von Lübbecke. Lore Weinberg (geb.19.2.1924) fuhr mit ihrem Fahrrad vor den jüdischen Feiertagen zu den einzelnen Familien, um ihnen das Einladungsprogramm des Festtagsgottesdienstes zu überbringen:

„Ich war die letzte in Lübbecke, die das Zirkular zu den jüdischen Familien brachte. Das Zirkular enthielt das Programm des Festtagsgottesdienstes, das in feinster Sütterlin-Handschrift von Lehrer Lazarus geschrieben worden war und in einem Aktendeckel oder einer Kladde steckte. Vor den Feiertagen Pessach, Schawuoth, Sukkoth, Rosch-Haschana und Yom Kippur peddelte ich per Rad zu allen Gemeindemitgliedern und zeigt ihnen das Zirkular. Der Gottesdienst fand gewöhnlich um die gleiche Zeit statt, und die Leute wussten im voraus, was im Zirkular stand. Nichtsdestoweniger studierten sie das einzige Exemplar sehr genau und gaben es mir zurück. Es war Usus, dass die Überbringer des Zirkulars mit Süßigkeiten belohnt wurden. Als noch viele jüdische Kinder in Lübbecke waren, gab es wahrscheinlich eine strenge Reihenfolge, nach welcher die Zirkulanten ausgesucht wurden. In den Mitt- und späten Dreißiger Jahren war ich die einzige, und ich bestand darauf, nie irgend etwas als Entgelt zu akzeptieren. Also radelte ich von Hechts zu Rubens, zu Neustädters, Wolffs, Hurwitz, Lazarus, Schöndelens, Rosenbergs, Löwensteins, Blochs, Levys und Steinbergs, manchmal in Begleitung meines Drahthaarterriers Juppi."[62]

Am 14.3.1939, vier Monate nach der Pogromnacht sah sich Max Lazarus unter dem Druck des deutschen Gestapo- und Terrorstaats gezwungen, mit seiner Frau Julie auf dem Dampfer "Palestina" von Triest nach Erez Israel auszureisen, wo er sich zunächst im Kibbuz Rodges, später im religiösen Kibbuz Jawne ansiedelte.[63]

Anmerkungen
52 Vgl. StdtA Lübbecke, B 63.1
53 Vgl. StdtA Lübbecke, C 1 13.3
54 Vgl. Lazarus, Erinnerungen, S. 93,99
55 Vgl. ebd., S. 151-53,175
56 Vgl. ebd., S. 130
57 Vgl. StdtA Lübbecke, C 1.30; Zassenhaus, S. 101 f
58 Vgl. Jüdische Rundschau Nr. 3 vorn 9.1.1934; Mitteilung von Dr. Lore Shelley an Verfasser
59 National Library, Hebrew University Jerusalem: Lazarus, Max: Für unsere Jugend. Ausgewählte Gedichte von Lehrer Max Lazarus, Lübbecke i. W. 1935, S. 3
60 Maier, Johannes; Schäfer, Peter: Kleines Lexikon des Judentum. Stuttgart/Konstanz 1987, 2. Aufl., Eintrag „Chanukkah-Fest", S. 67f
61 Vgl. StdtA M 2 Nr. 1779; Mitteilung von Walter Hoffman an Verfasser
62 Brief von Dr. Lore Shelley vom 17.1.1993 an Verfasser
63 Vgl. Lazarus, Erinnerungen, S. 146

Max Lazarus, Meine Bewerbung in Lübbecke um die Religionslehrer – und Kantorenstelle von Meschede aus (1891)

Dr. Chanoch Meyer, damaliger westfälischer Landesrabbiner, bedauerte 1967 im Vorwort der Veröffentlichung der „Erinnerungen" von Max Lazarus, dass weitere Erinnerungen an die ersten drei Dienstjahre von 1889 bis 1892 in Meschede wohl „in den Wirrnissen der Jahre nach 1933 verlorengegangen" seien. Erfreulicherweise hat der Enkel Chaim Lazarus diese frühesten Texte im Familienarchiv in Rehovot bei Tel Aviv in Israel gefunden und mir zur Veröffentlichung in Deutschland zur Verfügung gestellt. Am Ende dieses Manuskripts in altdeutscher Schrift beschreibt der 22 – jährige Lazarus seine Bewerbungsreise nach Lübbecke im Winter 1891/92.

Meine Bewerbung um eine andere Stellung

Die „Allgemeine Zeitung des Judentums" bringt in Zeitabständen einige Lehrervakanzen, die mir gefallen. Ich melde mich nach der rheinischen Industriestadt Mühlheim an der Ruhr; eine Antwort geht vorläufig nicht ein. Einige Wochen später melde ich mich nach Lübbecke im Minden – Ravensberger Land. Der Vorstand der Gemeinde antwortet postwendend und fordert mich zur Abhaltung eines Probegottesdienste mit Predigt zum nächsten Schabbes auf. 8 Tage später ist mein Reisetermin nach Lübbecke. In Meschede herrscht noch strenger Winter. Nacht 4 Uhr stehe ich auf, heize den Ofen und übe noch einmal meine Probepredigt. Die Reise nach Lübbecke ist umständlich. Vom Eisenbahnknotenpunkt Löhne fahre ich mit der Post durch fruchtbares Gelände. Allmählich nähert man sich einem schmalen Gebirgszuge. In langsamer Fahrt wird die Berghöhe erreicht und in Windungen geht es nordwärts bergab. Der Postillon gibt auf seinem Horn das Ankunftszeichen. Der Postwagen hält auf dem Marktplatz des Städtchens. Es war eine lange Fahrt von vormittags früh bis zur vorgerückten Nachmittagsstunde. Ein Geschäftslehrling holt mich ab und führt mich zu seinem Chef, dem Vorsteher der Gemeinde. Herr Löwenstein, der erste Vorsteher der Gemeinde, ist ein älterer gediegenen Herr, der mich beim Kaffee – Imbiss schnell über die Gemeindeverhältnisse aufklärt, auf eine Reihe Kollegen hinweist, die zum Besten in der Gemeinde gewirkt haben und lobt den letzten Beamten, der in wenigen Tagen auswandert. Ich besuche ihn noch vor Beginn des Gottesdienstes und nehme wahr, dass Herr Löwenstein kein Wort zuviel über ihn gesprochen hat. Wir sprechen uns kurz über Amt und Gemeinde aus und gehen zusammen zur Synagoge, die zurückliegend von der Hauptstraße von einem großen Vorhof begrenz wird. Das Gotteshaus ist einfach, aber größer als das in Meschede. Die Gemeinde ist versammelt, der Gottesdienst beginnt. Ich führe ihn ähnlich durch wie in Meschede. Nach dem Gottesdienst habe ich Gelegenheit, mich mit der Familie Löwenstein beim Sabbatmahl auszusprechen. Ich habe gebildete, biedere Menschen vor mir, die man wohl liebgewinnen kann. Nach Tisch lerne ich durch meinen Kollegen noch eine zweite prächtige Familie kennen, den Fabrikanten Ruben, seinen Sohn, der mit ihm das große Geschäftsunternehmen leitet, und dessen Gattin. Herr Ruben senior ist zweiter Vorsteher der. Sehr müde von der Reise, begebe ich mich frühzeitig zu Bett. Am anderen Morgen schaue ich durchs Fenster auf die tief verschneite Straße und auf weiße Dächer. Das Schneewetter wird wohl manchen vom Gottesdienstbesuch zurückhalten. Gleich zu Anfang merke ich, dass ich sehr gut bei Stimme bin. Die Gemeinde beteiligt sich an den liturgischen Gesängen, die etwas abweichen von den mir gewohnten. Dass nur ein Drittel des Sidra vorgelesen wir, ebenso eine zweite Thorarolle an dem heutigen Schabbes vor Purim nicht ausgehoben wird, sagt mir, dass ich in einer liberalen Gemeinde Probegottesdienst abhalte. Meine Predigt halte ich über Israels Kampf in der Wüste gegen Amalek und Moses erhobene Hände unter Zugrundelegung des Thorawortes: „Auf deine Hilfe hoffe ich, Ewiger."

Eine in meiner Vaterstadt allbeliebte Keduschah singe ich im Musafgebet. Auf Wunsch trage ich sie dem Vorsteher, Herrn Löwenstein zu Hause vor, der aus Gesundheitsgründen dem Gottesdienst fernbleiben musste. Am Nachmittag führt mich Herr Ruben senior, der zweite Vorsteher, bei einer Reihe jüdischer Familien ein. Er will in jedem Hause erfahren, ob man mich wählt. Nach dem Rundgang, bei welchem wir überall mit Erfrischungen bewirtet werden, kehren wir zum ersten Vorsteher zurück. Da offenbart man mir schmunzelnd: „Die Aktien stehen gut. Wir sehen uns wieder."   Purimabend! Freudenabend! Gut 8 Tage später erhalte ich ein Telegramm folgenden Inhalts: „ Einstimmig gewählt. Gratuliere. Erwarte Brief. Wann kommen?"

Einige Wochen später ersucht mich die Gemeinde Mühlheim an der Ruhr Probegottesdienst abzuhalten. Allein es ist zu spät. Ich schreibe ab, so leid es mir tut, nicht in einer größeren Gemeinde eine Anstellung finden zu können. Ich habe der Gemeinde Lübbecke meine Zusage brieflich gegeben und will mein Wort nicht brechen. Der Gemeinde Meschede reiche ich meine Kündigung ein. Die Stelle wird ausgeschrieben. Ein blutjunger Kollege aus dem Hessischen wird mein Nachfolger.

Auszüge aus: Max Lazarus, Erinnerungen

Amtsantritt in Lübbecke

In die „finstere Ecke" wollen Sie, wo die Antisemitenführer wühlen und wüten? Nein, ich habe etwas Besseres für Sie. Sie bekommen die Stelle in Mülheim a. d. Ruhr. Ich habe vorgesorgt. So redete mich in wohlwollender Weise der Bankier Spiegel, der Vorsitzende des Kriegervereins in Meschede an, als er mich benachrichtigte, irt ich auf seine Empfehlung hin die besten Aussichten habe, nach Mülheim a. d. Ruhr zu kommen. Ich hatte mich aber bereits nach Lübbecke verpflichtet und   irt u nach Mülheim abschreiben.

Am 1. Mai 1892 habe ich die Stelle in Lübbecke angetreten. Ich befinde mich demnach im Zentrum der „finsteren Ecke". Ich bin wohl zurückhaltend, aber fürchte mich nicht. Mein Eindruck nach kurzer Zeit: Ich bin Beamter einer Synagogengemeinde geworden, die geordnete Verhältnisse aufweist. Doch was versteht man unter „geordneten Verhältnissen" einer jüdischen Gemeinde? Ich antworte auf Grund der gewonnenen Gemeindeeindrücke. Die Gemeinde Lübbecke hat wahrscheinlich schon im Mittelalter bestanden. Eine Inschrift auf einer großen Steintafel am Eingang der ev. Andreas-Pfarrkirche besagt: „Als die Pest wütete und die Juden getötet wurden, wurde die Kirche erweitert" Das war zur Zeit des Schwarzen Todes, 1348. Die Existenz und Verfolgung der Juden in Lübbecke in dieser schlimmen Zeit ist möglich, aber nicht erwiesen.

Dagegen gewähren die Friedhöfe etwas Aufschluss. Die Gemeinde besitzt zwei Friedhöfe, einen neueren neben dem großen, städtischen, und einen älteren in der Feldmark, eine halbe Stunde von der Stadt. Ein hochbetagter Herr in der Gemeinde erzählte mir, dass nach mündlicher Überlieferung der Gemeindeväter in der Nähe des alten Friedhofs ein noch älterer sich befunden habe, von welchem die Verstorbenen auf den zweitältesten Friedhof übergeführt wurden, vielleicht des

Grabstele für Karoline Hecht (1831 – 1916)
Auf dem neuen jüdischen Friedhof (Foto: A. Räber)

Grundwassers wegen. Auf dem zweitältesten Friedhof, seither immer noch der „alte Friedhof" genannt, konnte ich die Jahreszahl der hebräischen Grabsteininschriften bis zur Mitte des 18. Jahrhunderts feststellen. Ein neben dem Friedhof wohnender Landwirt hält denselben auf Kosten der Gemeinde in Ordnung. Den neuen Friedhof, am Fuße des Gebirges neben dem christlichen gelegen, umgibt eine hohe Hecke, die ein schmiedeeisernes Tor abschließt. Wer den Friedhof betritt, ist überrascht von seiner Größe, von seinem würdigen Aussehen, von den aufs beste gepflegten Familiengrabstätten, den breiten, sauberen Wegen, dem großen Rasenplatz, den

Zypressen und anderen hohen Bäumen, die die Gräber beschatten und schützen. Am oberen Ende des Rasenplatzes erblickt man ein rundes, steinernes Wasserbecken, aus dem die Angehörigen der hier Ruhenden Wasser entnehmen zur Erfrischung der Buchsbaumeinfassungen an den Gräbern. Den Familien obliegt die Pflege der Gräber, der Friedhofswärter hält für Fernwohnende die Grabstätten ihrer Verwandten in Ordnung. Das Grundstück, auf welchem sich der große Vorhof (Schulhof) und das Synagogengebäude befinden, wurde von einem in der Nähe wohnenden Adligen in den 40er oder 50er Jahren käuflich erworben. Der Vorderteil des Gebäudes, den hauptsächlich Schule und Beratungszimmer und Flur zur Synagoge ausfüllen, ist massiv. Die Synagoge hat Fachwerkwände. Schmucklos, einfach sind Wände, Fenster und das Gestühl des Synagogeninneren. Sitzreihen sind zu beiden Seiten, auch die Frauensitze, die unter dem Eingang liegen. Eine Frauenempore fehlt. Den Platz zwischen den Sitzreihen nehmen der Innenflur, der große Almemor und die erhöhte Stelle vor der Heiligen Lade ein, die ein schlichter Vorhang ziert. Vor der Heiligen Lade ist das Predigtpult. Eine schwarze Tuchdecke mit kostbarer Spitze schmückt den Almemor und das Predigtpult. Läufer und Teppiche bedecken den mit weißen und schwarzen Marmorplatten belegten Innenflur. Die Bänke ruhen auf Holzboden. Wertvolle Beleuchtungskörper älterer Zeiten zieren Decken und Wände.

Nicht weniger als 11 Thorarollen birgt die Heilige Lade. Sie sind Stiftungen der Gemeinde und Einzelstiftungen von Familien und im erhabensten Sinne Beweisstücke für geordnete Gemeindeverhältnisse. Eine Thorarolle muss mehrere Jahrhunderte alt sein, ihr Pergament ist vom Alter dunkel, ihre Schrift noch leserlich. Von unschätzbarem Wert ist die Chanukka-Menora, ein getreues Abbild des in der Thora beschriebenen goldenen Leuchters. Ihr Stifter ist ein Vorfahr einer noch am Platze lebenden Familie, Die Menora ist über 200 Jahre alt.

Allsabbatlich, an allen Festtagen, wochentäglich bei Jahrzeiten, an einigen Festtagen, Chanukka und Purim findet Gottesdienst statt. Mit Ausnahme des hier schon vor vielen Jahren eingeführten dreijährigen Zyklus der Thoravorlesung wird der Gottesdienst in traditionell alter Weise abgehalten. Nicht nur an den hohen Herbstfesttagen, auch an den drei Wallfahrtsfesten werden besondere Festgebete eingeschaltet. Die Gemeinde ist aktiv am Gottesdienst beteiligt.

Frauenverein, Männerverein – beide ältere Gründungen – legen Zeugnis ab vom Wohltätigkeitssinn in der Gemeinde, von jüdischen Wohlfahrtsbestrebungen, die sich auch auf auswärtige Institute bindend erstrecken und in allgemeinen Nöten sich auch interkonfessionell offenbaren. Die Kassen beider Vereine bewilligen Gemeindemitgliedern in Nöten größere Summen. Aus beiden Vereinskassen erhalten die Wanderarmen Unterstützung, und bei den jüdischen Familien werden sie beköstigt und in Bedarfsfällen mit Wäsche und Kleidungsstücken versehen. Ein Gemeindestatut ist vorhanden. Nach dem preußischen Gesetz von 1847 verwalten Vorstand, drei Herren und zwei Stellvertreter die Gemeinde. Vor dem Bürgermeister der Stadt werden sie gewählt, von der Regierung in Minden bestätigt zur Genehmigung vorgelegt. Der Etat wird jährlich der Regierung zur Genehmigung vorgelegt

Die jüdische Privatschule wurde zur Zeit der Gründung solcher Schulen (etwa 1830) ins Leben gerufen. Sie untersteht der staatlichen Schulaufsicht, örtlich der evangelischen Kreisschulinspektion. Unterricht wird wochentäglich vormittags und nachmittags, am Sonntag nur vormittags abgehalten. Laut Regierungsverfügung soll sonntags hauptsächlich Religionsunterricht erteilt werden. Zur Zeit besuchen die Schule

Innenraum der Synagoge (1928),Entwurf Max Lazarus (1892 – 1961)
(aus: H. Hüffmann, 1200 Jahre Lübbecke, S.100)

nur fünf Schüler in der Mittel – und Unterstufe. Drei ältere Schülerinnen der Töchterschule erhalten in demselben Klassenzimmer Religionsunterricht an mehreren Tagen der Woche. Das Schulzimmer in der Etage des Synagogengebäudes ist geräumig und hell. Vier lange Eichenschulbänke bieten Platz für eine größere Schülerzahl. Ein großer Schulschrank, ein bequemes Schulpult, ein Pultstuhl, ein Schränkchen für die Schulbibliothek und Wandbilder vervollständigen die Ausstattung des Schulzimmers. Nachweisbar haben vor Anfang des 19. Jahrhunderts Lehrer am Platze gewirkt. Bis zur Gründung der jüdischen Privatschule erteilten sie nur Religionsunterricht, dann aber musste der betreffende Lehrer seminaristisch vorgebildet und staatlich geprüft sein zur Übernahme des Elementarunterrichts. Es ist mir ein Herzensbedürfnis, zum Ausdruck zu bringen, dass hier tüchtige Lehrer gewirkt haben. Vor zwanzig Jahren besuchten noch gegen 20 Kinder die Schule. Die Stadt beliefert die Schule seit etwa zwei Jahrzehnten kostenlos mit Torf, weil die jüdische Gemeinde zu den Kommunallasten für die städtischen Schulen mit beiträgt.

Die Familien – beruflich und privat

Ich führe den Leser im Geiste zunächst in die Berufskleiderfabrik der Firma Nathan Ruben. In den einzelnen Arbeitsräumen des großen, neuzeitlichen Fabrikgebäudes sind Zuschneider, Näherinnen, Bügler, Packer auf ihren Posten. In den Geschäftsräumen führen Kontoristen die Geschäftsbücher. Im Privatkontor empfängt und bestimmt der junge Herr Ruben, ein tüchtiger Kaufmann, die Ein- und Ausgänge in dem großen Betriebe. Sein trotz vieler Arbeitsjahre noch sehr rüstiger Vater, der Gründer des Unternehmens, betätigt sich altgewohnt noch eifrig und sieht im Lager überall nach dem Rechten. Das Lager mit fertigen Fabrikaten und Stoffen zur Verarbeitung ist in mehreren Stockwerken sachgemäß untergebracht. Aus dem faltigen Antlitz des Opas Ruben blicken Klugheit, Überlegung, unbeugsamer Wille und Einfachheit eines Mannes, der in schwersten Kämpfen von Jugendtagen an nichts anderes gekannt hat als Vorwärtsdrang nach hohen Zielen. Ich vernahm aus dem Munde eines begüterten Bauern, wie Herr Ruben sen. Oft schon um Mitternacht sich zu Fuß nach fernen, gewerbereichen Orten begab, um bei Tagesanbruch im Hausierhandel tätig zu sein. Er begründete im Laufe der Zeit einen Konfektionsbetrieb und legte den Grund zur Hausindustrie am hiesigen Platze. Sein Auge übersah alles. Früh und irt spornte er Frauen und Mädchen zu Fleiß und Geschicklichkeit an und verhalf also armen Ortseingesessenen zu Brot und Verdienst. So wurde die Firma Nathan Ruben begründet, die, nach streng redlichen Grundsätzen geleitet, aufblühte und durch den kaufmännischen Weitblick des Sohnes zur Zeit irt un t der bedeutendsten Unternehmungen gilt und überall in der Geschäftswelt sich des besten Rufes erfreut. Filialen in großen Städten sind angeschlossen. Herr Ruben jun. ist als Mitglied der Handelskammer und des Stadtverordnetenkollegiums sehr geschätzt. Die Familie Ruben ist in der Gemeinde sehr beliebt. Sie irt das Judentum in Ehren, nimmt rege am Gottesdienst teil und ist wohltätig. Von den vier Kindern der Familie sind drei meine Schüler, der jüngste ist noch nicht schulpflichtig.

Gegenüber der Rubenschen Fabrik ist das Geschäfts- und Wohnhaus der vor hundert Jahren aus Süddeutschland eingewanderten Familie Hecht. Herr Hecht sen. Und seine Söhne beschäftigen sich mit Leinenverarbeitung. Das in hiesiger Gegend gesponnene Leinen wurde und wird an bestimmten Stellen und Terminen leggeartig, d. h. börsenartig, gewertet und verkauft. Dieser Einrichtung verdankt die Firma A. Hecht ihr Entstehen. Sie ist sehr im Aufblühen. Zwei Söhne vertreten sie mit bestem Erfolge auf Geschäftsreisen weit im Reiche. Herr Hecht sen. Und seine Gattin sind regelmäßige Besucher des Gottesdienstes. Herr Hecht fördert eifrig die Vereinsbestrebungen in der Gemeinde und schließt sich niemals bei Sammlungen aus. Über die Mutter des bejahrten Herrn Hecht sind allerlei Anekdoten verbreitet, teils Wirklichkeit, teils Dichtung. Ich greife nur eine aus der Vergangenheit heraus: Die alte Dame liegt krank zu Bett. Der jüdische Hausarzt ist nicht zur Stelle. Ein christlicher Arzt vertritt seine Stelle. Die Patientin beachtet ihn nicht und meint, ihr Hausarzt stehe vor ihrem Bett. Er untersucht sie und fragt, seit wann sie leidend sei. Antwort: Seit Tischa B'aw. Der Arzt versteht diese Äußerung nicht und stellt die Frage noch einmal. Jetzt erst merkt Frau Hecht, dass ein christlicher Arzt an ihrem Bett weilt. Ohne sich lange zu besinnen, will sie ihre erste Antwort verbessern und sagt: Seit der Zerstörung Jerusalems. Darauf antwortet der Arzt: Ja, liebe Frau, wenn Ihr Leiden schon so alt ist, kann Ihnen kein Arzt mehr helfen.

Fünf Textileinzelhandlungen werden von jüdischen Inhabern auf der Hauptstraße (Provinzialstraße) in größerem und kleinerem Umfange seit Jahrzehnten betrieben. Eine erfreut sich großen Vertrauens durch Herstellung und Lieferung feiner Wäsche und Brautausstattungen. Die Inhaber, Gebrüder Steinberg, einem alten Geschlecht am Platze entstammend, sind im Besitze der ihren Großeltern ausgestellten Dokumente als Schutzjuden. Das gleiche Privilegium weist auch die Familie des Kaufmanns Max Nathan Rosenberg von ihren Großeltern auf. Die Familie Rosenberg führt ihren Stammbaum am Platze auf Jahrhunderte zurück. Herr Max Nathan Rosenberg betet an den hohen Feiertagen mit Verständnis, ausdrucksvoll und mit wohlklingender Stimme vor.

Das bedeutendste Manufakturwarengeschäft an der Hauptstraße liegt in den Händen der Firma Marcus Löwenstein. Ihr Inhaber ist der erste Vorsteher der jüdischen Gemeinde. Er entstammt einer alten, im Kreise ansässigen Familie. Mit seinem einzigen Sohn und mit mehreren jüdischen Handlungsgehilfen steht er als gediegener Chef dem lebhaften Betriebe in seinem modernen Geschäftshause vor. Herr Löwenstein besitzt großes Vertrauen bei seinen Kunden, seinen Rat suchen Landleute in vielen Dingen auf. Die Angelegenheiten der Gemeinde haben keinen besseren Sachwalter als Herrn Löwenstein. Als solcher wird er auch in anderen Gemeinden geschätzt. Er ist ein begeisterter Jude, im jüdischen Schrifttum bewandert und verfügt auch über ein gutes weltliches Wissen. Seine Gattin, ein kleines Frauchen, ist die verkörperte Herzensgüte. Sie gehört dem Vorstand des vaterländischen Frauenvereins an und wirkt edelmütig in jüdischem und menschlichem Sinne.

Nachbarlich reiht sich das Geschäftshaus M. B. Weinberg dem vorgenannten an. Die Familie Weinberg siedelte sich vor Jahrzehnten, aus dem Ravensbergischen kommend, hier an. Das Verhältnis der Familienangehörigen zueinander zeugt von mustergültiger Eintracht, von Zusammenhalt im allerbesten Sinne. Mutter, Sohn und Schwiegersohn führen das Geschäft ohne fremde Hilfe in redlicher Mühewaltung. Traditionsgemäß werden im Hause die Religionssatzungen gewissenhaft beachtet.

Etwa am Ende der Hauptstraße behauptet sich noch ein kleines Manufakturwarengeschäft, eine Gründung aus älterer Zeit, das der jetzige Besitzer, L. Mergentheim, vom Vater übernommen hat und der das väterliche Erbe sorgsam hütet. Frau Mergentheim wird als tüchtige Hausfrau, als gebildete Dame sehr geschätzt. Die Frauen in der Gemeinde fühlen sich zu ihr hin gezogen.

Am anderen Ausgange der Hauptstraße, die als Landstraße in die fruchtbare Ebene abzweigt, ist das Haus des Fruchthändlers und Bankiers Speier. Er verwaltet gewissenhaft das Amt des Rechnungsführers und Kassierers der Gemeinde.
Geschwister Mansbach und Familie Hurwitz sind erfolgreiche Fleischlieferanten in Gemeinde und Stadt. Der ältere Sohn der Familie Hurwitz kauft auch Vieh auf und versendet es in den Industriebezirk.
Pferdehändler Lieblich besitzt Vertrauen bei den Landleuten, die er mit Ackerpferden beliefert.
M. Meier leistet Hilfsdienste bei Auktionen, verrichtet gelegentlich als Schreiber Arbeiten auf Ämtern, führt das Protokoll in Gemeindesitzungen und betätigt sich auch nebenbei als Versicherungsagent. Zur Abrundung des Gesamtbildes berichte ich noch von einem älteren Ehepaar, Koppel Meier und Mathilde Meier, für deren Lebensunterhalt reiche Verwandte in Amerika sorgen. In früheren Jahren betrieb Koppel Meier Hausierhandel mit Leinen; Leinenstücke in dem kleinen Schaufenster seines Häuschens mögen noch davon Zeugnis ablegen. Koppel Meier handelte auch mit Fellen, aber die Felle „schwammen" ihm
vom Wagen, weil Koppel gar sehr dem Alkohol ergeben war. Von einem wirtschaftlichen Erfolg konnte daher kaum die Rede sein. Trotz Alkohol und seinen Folgen war Koppel überall beliebt wegen seiner Gutmütigkeit, Menschenfreundlichkeit und wegen seines Mutterwitzes. Seine Frau trug das schwere Los, ihren Gatten oft berauscht zu sehen, mit Geduld und Würde. Einmal muß er aber dem Alkohol im Übermaß zugesprochen haben. Tief gekränkt sprach die sonst so geduldige Gattin einige Tage kein Wort mit ihrem Manne. Das ging Koppel nahe, denn er liebte seine Mathilde. Um ihre Versöhnung zu erlangen, zündete er eine Lampe am lichten Tage an, ging durch alle Zimmer und leuchtete unter alle Möbel, als suche er einen wichtigen Gegenstand. Das Leuchten und Suchen wollte gar kein Ende nehmen. Mathilde beobachtete ihn fort und fort, ihre Neugier oder ihre Angst um ihren Mann stieg aufs höchste. Das lang gehütete Schweigen brach mit einem Male die Frage: „Koppel, was suchst du?" –„Deine holde Stimme, liebe Mathilde. Gottlob, ich habe sie wiedergefunden."- Ob der Aussöhnungsakt mit einem Kuss besiegelt wurde oder im gegenüberliegenden Wirtshaus seinen Abschluss fand, darüber wird strenges Schweigen bewahrt.
Koppel erfüllte nach einem Übereinkommen die Mizwa, dem Vorbeter am Freitagabend den Kidduschbecher zu reichen, d. h., er stellte ihn auf den unteren, schmalen Rand der Lampensäule am Almemor. Da er die üble Gewohnheit hatte, öfter stark angeheitert zur Synagoge zu kommen, konnte die Überreichung des Bechers misslingen. Das geschah einmal im ersten Jahre meiner hiesigen Amtstätigkeit. Koppel musste wohl unter Alkoholwirkung mehr als einen Becher und mehr als einen Almemorleuchter erblickt haben. Der Becher entfiel seinen Händen, ergoss seinen Inhalt auf die Almemordecke. Nach dem Gottesdienst stellte ein Vorstandsmitglied Koppel scharf zur Rede, jedoch ein anderer Herr sprach: „Koppel, wenn du schon Kiddusch gemacht hast, so lasse unseren Vorbeter auch Kiddusch machen."

Bei Koppels Anverwandten, Familie Weinberg, war ein Mädchen zur Welt gekommen. Onkel Herz meldete es Koppel und Mathilde. Koppel gratulierte mit sauersüßem Gesicht, er hatte aus leicht zu erratenden Gründen auf die Geburt eines Jungen gehofft. Mehrere Stunden später betrat Onkel Herz wieder Koppels Haus und meldete die Geburt eines Knaben, worauf Koppel entgegnete: „Entweder seid ihr meschugge, oder ich bin meschugge. Vorhin war es ein Mädchen, jetzt ist es ein Junge." Onkel Herz erwiderte: „Es hat seine Richtigkeit mit der Geburt des Mädchens und mit der Geburt des Jungen. Wir haben Zwillinge bekommen." Hochbeglückt gratuliert Koppel und gibt seiner Freude im Wirtshause gegenüber wirksamen Ausdruck. Am Tage des Brith – es ist ein Schabbath – trinkt Koppel bis zum Umfallen. Dass die hiesigen Wirte sehr gut auf Koppel zu sprechen waren, verstand sich von selbst. Er bewahrte ihnen die Treue bis zum Tode und sie ihm auch, denn sie bildeten sozusagen Spalier vor dem Trauerhause, als Koppels sterbliche Hülle herausgetragen wurde. Ob alle zum Trauergefolge Zählenden bei diesem Anblicke ernst geblieben sind – wer weiß?

Die Witwe überlebte Koppel um einige Jahre und erlag einem unheilbaren Leiden.

Ritualmordhysterie 1893

(Anmerkung des Herausgebers: 1892 bewegte der Xantener Ritualmordprozess ganz Deutschland. Der jüdische Schlachter Buschoff war angeklagt, einen christlichen Jungen rituell getötet zu haben. Der Prozess endete mit einem Freispruch. Lazarus beschreibt die Auswirkungen dieses Prozesses im Lübbecker Land. – Im Übrigen: es handelt sich um den Prozess, den Willi Fährmann im Jugendbuch „Es geschah im Nachbarhaus" verarbeitet hat. Viele Leser kennen es wahrscheinlich als Schullektüre).

Der Leser mag wohl fragen: Gehört der vorstehende ausführliche Bericht zu meinen persönlichen Interessen, zu meinen Berufsobliegenheiten in örtlicher Hinsicht? Ich muss diese Frage leider bejahen. – Der Ausgang des Prozesses hätte doch überall zu einer Stimmung zugunsten der Juden und ihres Schrifttums führen müssen. Weit gefehlt. Den Feinden Israels war wohl durch den Ausgang des Prozesses die Waffe weiterer Beschuldigung entrissen, aber das hinderte sie nicht, das alte Blutmärchen, wo sich die Gelegenheit bot, aufs Neue aufzuwärmen. Ein Jahr nach dem Buschoffprozess konnte ich mich überzeugen, dass die Saat des Bösen in unserem in unserem Kreise aufgegangen war. Es war an einem Sonntagmorgen im Sommer. Im Kontor der Firma Nathan Ruben hatte eine Bäuerin aus der Umgegend einen fertigen Anzug gekauft. Ein Geschäftsangestellter packte den Anzug ein und wollte ihn verschnüren; er bat die zufällig im Kontor anwesende jüngere Tochter der Familie: „Thekla, reich mir das Messer!" Er wollte den Bindfaden abschneiden. Da riss die Bäuerin vor Schrecken ein Fenster auf, sprang aus Parterrehöhe auf die Straße, lief aufs Amt und und teilte dem Bürgermeister, der Sonntagsdienst hatte, den Verdacht mit, nämlich die Absicht des Kontoristen, an ihr einen Ritualmord zu verüben. Der vorurteilslose Bürgermeister Lüders warf sie zur Tür hinaus. Sie kehrte in Rubens Haus zurück und wollte ihr Kaufobjekt in Empfang nehmen. Herr Ruben, in heller Aufregung, versagte ihr in energischer Weise die Aushändigung des Kaufgegenstandes. Er verlangte nur zu wissen, wie die Bäuerin zu einer so furchtbaren Beschuldigung gekommen war. Da kam es an den Tag: dass nämlich der Pastor ihres Dorfes – ich weiß seinen Namen und Kirchenbezirk – in Versammlungen die Frage des Ritualmordes bejaht hatte. Auch andere Pastoren im Kreise hielten in jener Zeit Versammlungen in gleichem üblen Sinne ab.

Lübbecke bekommt eine Eisenbahn 1899

Vorgeschichte: Als um die Mitte des 19. Jahrhunderts die Köln-Mindener Eisenbahn gebaut wurde, plante man eine Anschlußbahn von Minden über Lübbecke nach Osnabrück. Hauptsächlich adelige Grundbesitzer, auch große Bauern lehnten den Bahnbau aus engherzigen Gründen und aus rückständigen Zeitanschauungen ab. Eine andere Anschlussstrecke von Löhne über Bünde, Melle nach Osnabrück wurde dafür gebaut. Während unser Städtlein nach wie vor in seiner Entwicklung zurückblieb, wurde der kleine Ort Bünde ein hochbedeutender Zigarrenindustrieplatz, ebenso Melle durch andere Industriezweige. In den 70er Jahren kam die Hausindustrie in Lübbecke auf und allmählich wirtschaftliche Regsamkeit.
Der 1897 vom Preußischen Abgeordnetenhaus genehmigte Bahnbau Bünde – Lübbecke – Rahden bedeutete nicht nur die Verkehrserschließung unseres Kreises, sondern auch eines Teils der Provinz Hannover, denn das Projekt, das später verwirklicht wurde, lautete Herford – Kirchlengern – Bünde –Lübbecke – Rahden – Sulingen – Bassum (Anschlussstation
nach Bremen).

Eröffnung der Bahn

Am Sonnabend, 30. September 1899, vormittags 11 Uhr, lief der erste Eisenbahnzug vor dem festlich geschmückten Empfangsgebäude, vorläufig noch ein Fachwerkhaus, unter Musik und nicht enden wollendem Jubel der Ortsbewohner, sämtlicher Schulklassen und der Spitzen der Behörden ein.
Eine Zeitwendung, ein Markstein in der Geschichte unserer Stadt, die schon über 400 Jahre Stadtrechte aufweist. Den ganzen Tag verkehrte der Eisenbahnfestzug zwischen Lübbecke und Rahden kostenlos zur unaussprechlichen Freude von alt und jung. Ein Festmahl im ersten Gasthause unserer Stadt wurde angeschlossen.

Abends um 10 Uhr fuhr zum letzten Mal der Postomnibus nach Minden. Am folgenden Tage, Sonntag, 1. Oktober, wurde der Zugverkehr eröffnet mit je fünf Personenzügen hin und zurück und ihren Anschlüssen an die Hauptbahnlinien. Ei, wie wunderbar, in den neuen, bequemen und noch dazu geheizten Personenwagen zu sitzen und voll Behagen auf die heimatlichen Fluren und bekannten Ortschaften zu blicken oder sich von einer fremden Gegend beeindrucken zu lassen und dann wohlbefriedigt an sein Reiseziel zu gelangen.

So mancher aus dem Kreise Lübbecke mag dieses mächtig empfinden, der zum erstenmal im Eisenbahnzug fährt. Nicht nur dem Kaufmann und Gewerbetreibenden, dem „Zeit Geld ist", sondern auch dem Landmann, der bisher an seine Scholle gebunden war, ist die neue Eisenbahn sehr willkommen. Am Sonntag befördert sie ihn und seine Familie zu mäßigem Fahrpreis nach anderen ländlichen Ortschaften oder nach einer Stadt, und an Wochentagen kann er seine Bodenerzeugnisse in Güterzügen wegschicken und sich für die Landwirtschaft notwendige irt un t der Eisenbahn beschaffen. Durch die Bahn setzt bald ein lebhafter Fremdenverkehr ein. Unser idyllisches Wiehengebirge, unsere üppigen Fluren und nicht an letzter Stelle unser Städtlein selbst werden sonntags das Ziel vieler Ausflügler und Vereine, und an Wochentagen besuchen auswärtige Schulen unsere Stadt und ihre Umgebung. Und der Güterverkehr? Es dauert nicht lange, und der Güterschuppen muss schon erweitert werden. Was wird auf der Station Lübbecke nicht alles ein- und ausgeladen? Ballen oder Kisten mit Kleiderstoffen, Textilhalb- und Ganzfabrikate, Tabak, Zigarren, Papierfabrikate, Kolonialwaren, Chemikalien, Möbel, Metalle, Fässer, Kannen. Die Güterzüge sind von beträchtlicher Länge. Und was wird auf den anderen Stationen der neuen Bahnstrecke verfrachtet? Aus dem nördlichen, waldreichen Teile des Kreises gelangen Grubenhölzer zum Versand nach dem Industriebezirk und werden Kohlen hierher geschickt. Einige Ziegeleien an der Bahnstrecke befördern Backsteine von den nahen Stationen nach ihren Bestimmungsorten. Baumaterialien, selbst dicke Baumstämme werden von geschulten Bahnarbeitern auf Güterwagen verladen. In der Erntezeit werden aus unserem Kreise Getreide, Kartoffeln, Obst und Gemüse an städtische Abnehmer verschickt, und die Molkereien beliefern den Kreis und angrenzende Gebiete mit ihren Erzeugnissen. Die Frequenz auf der neuen Bahnstrecke hat mehrere Jahre irt un den Bau von zwei Kreisbahnen nach Minden und durch den Kreis Wittlage nach Bohmte zum Anschluss an die Vollbahn Osnabrück – Bremen zur Folge.

Und welchen Nutzen bringt mir die neue Eisenbahn? Ich will es gleich verraten: Am Eröffnungstage fahre ich in einem Morgenzuge – Rückfahrkarte 70 Pfennig – nach Station Bieren. Dort beginnt meine 9 km betragende Wanderung über Rödinghausen – Markendorf nach Buer. Um die Mittagszeit bin ich an Ort und Stelle, eröffne den Unterricht des Winterschulhalbjahres, den ich ohne Unterbrechung bis Ostern 1900 durchführen kann. Ich habe demnach zweimal 9 km Weges zurückzulegen. Freilich ist der Rückweg mühsam in der Dunkelheit und im Winterwerter. Abends 7 Uhr bin ich wieder zu Hause und halte Rast in meinem behaglichen Junggesellenstübchen.

Beginn des 20. Jahrhunderts am 1. Januar 1900

Die Jahrhundertwende kann ich nicht wortlos vorübergehen lassen. Tagesblätter, Zeitschriften kennzeichnen geschichtlich, politisch, wirtschaftlich alle in Frage kommenden Gebiete der dahingegangenen 100 Jahre, die Entwicklung des Deutschen Reiches unter dem Zepter der Kaiser und Könige und ihrer Staatsmänner, den Einfluss der Geistesheroen und der wirtschaftlich Großen, die Entwicklung der deutschen Militärmacht, den Ausbau der Eisenbahnen, der Großschifffahrt, die Nutzbarmachung der elektrischen Kraft, die Hebung der Volksschulen und der höheren Lehranstalten, die Universitäten in ihrem weiteren Aufstieg, das Verhältnis Deutschlands zu anderen Ländern und deren Entwicklung. Die an das neue Jahrhundert geknüpften Hoffnungen und Ausblicke bewegen in Reden und Schriften die Menschheit. Der mitternächtliche Glockenruf – Neujahr 1900! – hallt als Heilruf in alle Länder der Welt. Ich frage: Wird das neue Jahrhundert auch uns Juden in der ganzen Welt Heil und Segen, Erlösung und Beglückung bringen, obwohl wir doch aus traditioneller Einstellung eine andere Zeitrechnung haben?

Der Weltkrieg 1914 – 1918

Ursache: 1911-1914. Der Volksmund nannte drei vorangegangene Jahre: Glutjahr! Wutjahr! Blutjahr!

Was politisch dem Weltkrieg voranging, ist geschichtlich bekannt. Es erübrigt sich daher für mich, mich schriftlich darüber zu äußern. Nur was ich selbst erfahren, was mich an meinem Wohnplatze oder auswärts beeindruckte, sei hier niedergeschrieben.
Es war bei Beginn der Sommerferien Juli 1914. An einer Litfaßsäule in Lübbecke las man- Österreich hat eine scharfe Note an Serbien gerichtet wegen Ermordung des Kronprinzen. Serbien verweigert die Herausgabe (bzw. Bestrafung) der Mörder, sucht und findet Halt an Russland. Nach einem Ultimatum erklärt Österreich den Krieg Ende Juli. Russland mobilisiert. Große Aufregung in Deutschland, da Deutschland Österreich die Treue hält. Ich verbringe gerade mit Lothar die Sommerferien in Hörde. Es ist am Sonnabend, den 31. Juli, nachmittags. Die Kriegserklärung an Russland wird durch Offiziere in Dortmund und Hörde bekanntgegeben. Auf die Anfrage an Frankreich nach seinem Verhalten antwortet Frankreich: Es diene seinen Interessen, wisse, was es zu tun habe. Damit folgt auch die Kriegserklärung an Frankreich. Es ist am Abend, 31. Juli, Tischa b`Aw.
Die Hörder Gemeinde hat sich zum Gottesdienst in der Synagoge eingefunden. Ich bete vor. Große Volkskundgebung auf den Straßen und Plätzen! Reden werden gehalten, vaterländische Lieder erklingen am nachhaltigsten: Deutschland, Deutschland über alles! Bis in die tiefe Nacht Begeisterung der Stadtbewohner. Im Hause meiner Schwägerin, Frau Ottilie Blank, herrscht ernste Stimmung. Ich vergesse nicht ihr aus dem Innersten ausgerufenes Klagewort: "Das ist Tischa b'Aw!" Müssen doch drei hoffnungsvolle Söhne sich zu den Fahnen stellen! Weil man hinsichtlich des Kommenden verwirrt ist, deckt man sich mit Lebensmitteln ein. Ich telegrafiere nach Lübbecke, ein gleiches zu tun. Am anderen Morgen fahre ich mit Lothar heimwärts. Der Eilzug Köln – Berlin kommt mit großer Verspätung in Dortmund an. Auf den Haltestationen werde ich auf das Furchtbare, das der Krieg bringen kann, hingewiesen. Kinder stehen am Bahnsteig und weinen bitterlich, denn ihre Väter und Brüder haben sich von ihnen verabschiedet. Sie befürchten, es sei ein Ab-

schied auf immer, und das schneidet so tief in ihre kindlichen Seelen. Nachmittags kommen wir zu Hause an. Man hat uns sehnsüchtig erwartet. Auch in unseren Straßen herrscht Kriegsstimmung. Am anderen Morgen ist der Marktplatz Kriegslager. Landleute haben ihre Pferde zur Prüfung ihrer Kriegsbrauchbarkeit bzw. Zum Ankauf hierher gebracht. Offiziere
mustern sie. Die jungen Burschen, die sie führen, sind kriegspflichtig, tragen ihre Garderobe in Kartons auf dem Rücken und begeben sich nach den Gestellungsplätzen. Der Schulunterricht kann noch nicht beginnen. Nur kurze Zeit, und ich werde zum Wachdienst an Bahnhöfen und Bahnanlagen befohlen. Als ich am Kleinbahnhof Lübbecke-Stadt Wachdienst ausübe, läuft der Zug nach der Garnisonstadt Minden ein. Die einberufenen Männer haben Aufstellung genommen. Der Vorsitzende des Lübbecker Kriegervereins richtet markige Worte an sie. Einsteigen! Winken! Tränen! Der Bahnhof ist bald menschenleer. Auf der den Bahnhof kreuzenden Landstraße tritt das Friedensbild der ruhig fahrenden Ackerwagen in Erscheinung. Der Eisenbahnverkehr beschränkt sich auf einige Tageszüge, weil auf den Hauptstrecken Militärzug auf Militärzug in langsamer Fahrt nach den deutschen Grenzen dahinrollt. Wie überall in Stadt und Land, so wird auch in unserer Synagoge einige Tage nach der Kriegserklärung Bittgottesdienst gehalten. Drei ehemalige Schüler: Kurt Steinberg, Moritz Weinberg, Max Löwenstein ruhen nicht eher, bis sie als freiwillige Krieger eingeordnet werden. Anderswo geschieht dasselbe: jüdische Männer und Jünglinge beweisen, dass sie Deutsche sind und für Deutschland zu sterben bereit sind. Aus unserer kleinen Gemeinde sind zu den Waffen einberufen: Albert Ruben, Hermann Levy, Feodor Hurwitz, später Fritz Weinberg, Hermann Hecht und Dr. med. Ludwig Ruben als Feldarzt. Am darauffolgenden Schabbath ist die Gemeinde fast vollzählig zum Gottesdienst versammelt. Da kommt es über mich, aus dem Stegreif, also frei zu sprechen. Mein Textwort entnahm ich der Haftara (Nachamu, nachamu ami) "Tröste, tröste mein Volk!" Wir wollen stark sein, uns zum Ausharren aufraffen, dann gewinnen wir Halt und Trost. Unsere Herzen weilen bei allen denen, ohne Unterschied des Glaubens, die draußen Schulter an Schulter für unser Vaterland kämpfen. Es darf uns nicht zuviel sein, mit den Millionen Volksangehörigen zu wetteifern, die Kämpfer an der Front durch Liebesgaben zu stärken, zu erfreuen, opferbereit in allem zu sein, dann finden wir Beruhigung und Trost in dem Bewußtsein: irt un unsere Pflicht. Wie Jesaja einst unseren heimgesuchten Vätern Trost und bessere Zeiten verkündet hatte, so möge Beistand und Trost jeder Familie des deutschen Volks werden.

1916

Was die Nähe und Ferne im Lande mit Ernst und Sorge erfüllt, was bedeutet ein niedergeschriebenes Wort darüber! Immer strenger werden die Vorschriften der Zuteilung von Lebensmitteln und anderen Dingen auf Marken. Das Brot ist „gestreckt". Weißbrot, Butter, Zucker und Fette sind kaum erhältlich, oder nur ausnahmsweise. Der Milchbezug ist sehr erschwert. Wehe dem, der Lebensmittel „hamstert". Und dennoch geschieht allerlei gegen die Vorschrift. Kleiderstoffe und andere Textilfabrikate werden knapp. Ersatzstoffe aus Papier treten an ihre Stelle. Die Zuteilung von Kartoffeln wird in die Wege geleitet. Die Gemeindevorsteher auf dem Lande werden dafür verantwortlich gemacht. Nur mit großer Mühe gelingt es uns zu Pessach, Mazot zu erhalten, selbstredend nur ein kleines Quantum. Ein verregneter Sommer wirkt sich katastrophal aus, ein überaus strenger Winter folgt ihm. Ich wandere mit meinem Töchterchen aufs Land zu großen Bauern und bitte gegen Bezahlung um

Überlassung von Rübsamen zur Ölgewinnung. Mit hatten Worten werden wir abgewiesen. Bei kleineren Bauern erstehen wir ein kleines Quantum.
Der Winter 1916/17 bekam den Namen Steckrübenwinter. Das Brot war so knapp, dass man es durch Steckrübenzugabe auszugleichen suchte. Auf dem Lande hatten die Leute als Selbstversorger zu leben, aber in den Städten? Man denke sich: Das mitgegebene Frühstück der Schüler bestand außer einem Stück Brot aus Steckrüben. Der Unterricht musste vielfach wegen Kohlenmangel ausfallen. So auch hier in Lübbecke. Die jüdische Schule war seit vielen Jahren von der Stadt mit Torf beliefert worden, infolgedessen wurde der Unterricht in meiner Schule nicht unterbrochen. Man beschloss, die Oberklasse der Höheren Stadtschule von 11 bis 14 Uhr in der geheizten jüdischen Schule zu unterrichten, um ihnen die auswärts abzulegende Anschlussprüfung nach Untersekunda zu ermöglichen.
Der Unterricht meiner Schüler musste daher abgekürzt werden. Unter Hinweis auf Schüler – Kriegsarbeit füge ich hier die Bemerkung an, dass der Leiter der Höheren Stadtschule 1916 mir den Unterricht auch in Quinta, Quarta und in der Töchterschule übertrug.
Im Sommer ließ man Schüler Laub im Walde pflücken, das an der Front als Futter für Pferde verwendet wurde. Schüler schnitten an Hecken und Gräben Brennesseln ab, die auf Schulböden getrocknet und an Fabriken gesandt wurden, die Nesselstoffe daraus verarbeiteten.
Von den Fronten gingen fort und fort postalische Benachrichtigungen vom Heldentod der Krieger ein, der den schwerbetroffenen Familien in unserer Stadt und im Kreise schonend mitgeteilt wurde. Das Lübbecker Kreisblatt veröffentlichte fast täglich die Kriegstrauerbotschaften. Da galt es, Witwen, Eltern, Geschwister und Kinder zu beruhigen und aufzurichten, eine sehr schwere Aufgabe. Ich erfüllte die Pflicht, Bürgerfamilien aufzusuchen und zu trösten. Wie schwer wurde es mir, im Hause unseres Vorstehers A. Löwenstein zu den so schmerzbetroffenen Angehörigen zu sprechen, die im Sommer 1916 ihren einzigen Sohn, meinen lieben Schüler Max Löwenstein, verloren hatten. Der immerwährende Antisemitismus, der es nicht lassen konnte, den jüdischen Frontkämpfern Drückebergerei vorzuwerfen, wurde durch Max Löwensteins Heldentod ebenso wie durch die mit dem Tode besiegelte Vaterlandsliebe so vieler jüdischer Kämpfer Lügen gestraft. Max Löwenstein, der bei dem Bückeburger Jägerbataillon als Freiwilliger stand, wagte den gefährlichen Gang, seinem Unteroffizier aus der feindlichen Linie Wasser zu holen; die anderen nichtjüdischen Kameraden hatten sich geweigert. Er musste sein Wagnis mit dem Tode bezahlen. – Nicht nur unsere ganze Gemeinde, auch viele Bürger der Stadt waren erschüttert und trauerten mit. Und wie nahm das hochbetagte Großmütterchen Löwenstein, der Engel der Armen, die Trauerbotschaft auf? Ihrem Inneren entquollen die frommen Worte der Erhebung: „Er ist bei Gott!" Der Jüngling ruht wie so viele Tausende in Frankreichs Erde. Eine Gedenktafel in unserer Synagoge ist dem Gefallenen errichtet worden, ebenso ein Erinnerungsmal auf unserem Friedhof.

> Gewidmet dem Andenken
> unseres einzigen
> lieben Sohnes
> **Max Löwenstein**
> Kriegsfreiwilliger
> im 7. Res. Jägerbataillon
> Er starb den Heldentod am 5.9.17
> in Frankreich
> im blühenden Alter von 19 Jahren

M. Lazarus, Erinnerungen, S. 16ff., S. 31f., 104f., 107, 170f., 174ff.)

Max und Julie Lazarus, um 1925 (Foto: Familienarchiv Chaim Lazarus, Rehovot, Israel)

Max und Moritz Lazarus mit ihren Familien vor dem Haus Köttelbeck 4 (heute Bäckerstraße) um 1915
(Foto: Stadtarchiv Lübbecke)

Die Lübbecker Erinnerungen von Max Lazarus brechen mit dem Ende des ersten Weltkrieges ab: Im palästinensischen Exil, im Kibbuz, hat Lazarus – nach Informationen aus seiner Familie – auch über die weiteren Jahre geschrieben, doch die Manuskripte sind verloren gegangen, außer seinen „Erinnerungen an Meschede 1889 – 1892", die der Herausgeber 2010 separat veröffentlicht hat.

Modellaufsätze für Volksschüler

Max Lazarus veröffentlichte 1910 eine Sammlung mit exemplarischen Ausätzen für den Unterricht: „FREIE AUFSÄTZE. Für die Volksschule bearbeitet von Max Lazarus, Lehrer". Diese Textzusammenstellung erreichte 1912 mit 209 kurzen Aufsätzen zu vielen Lebensbereichen eine „vierte und fünfte, vermehrte Auflage" im Schulbuchverlag Greßler, Langensalza.

Einige Beispiele aus dem Kapitel VII. Aus Heimat und Vaterland

Nr. 193 WARUM ICH MEINE HEIMAT ÜBER ALLES LIEBE.

Keinen Ort liebe ich so wie meine Heimat. Hier bin ich geboren, und hier bin ich zu Hause. Wenn ich aus der Schule oder vom Spielplatz komme, trete ich froh ins Elternhaus. Mache ich einen Spaziergang oder eine Reise, so sehne ich mich wieder nach Vater und Mutter, nach Brüdern und Schwestern. Die Häuser meines Heimatortes gefallen mir, ob sie groß oder klein, prächtig oder einfach sind. Täglich gehe ich durch unsere Straßen und sehe sie immer gern. Fruchtbare Felder und liebliche Berge umgeben meine Heimat. Von einer Anhöhe überschaue ich alle Häuser. Ich liebe auch die Provinz, in der meine Heimat liegt, weil so viele Orte derselben Ähnlichkeit mit meiner Heimat haben. Ich liebe ferner mein schönes, deutsches Vaterland und meinen guten König, der es weise regiert und auch meinen Heimatort beschützt.

Nr. 194 EIN BLICK AUF DIE KREISSTADT LÜBBECKE UND IHRE UMGEBUNG

Gestern ging ich am städtischen Friedhof vorbei zur Anhöhe des Reineberges spazieren. Bis zum Saume des Waldes stieg ich hinauf und überschaute von einer Bergwiese im Südosten alle Häuser der Stadt Lübbecke. Die evangelische Pfarrkirche trat besonders hervor, weil sie hoch liegt. Ganz deutlich sah ich die Schulgebäude und das Rathaus. Viele Fabrikschornsteine ragten aus der Häusermasse empor. Liebliche Baumgruppen und die gepflegten Gärten der Bürger bildeten das schöne Sommerkleid unserer Stadt. Hübsche Villen grüßten von den Anhöhen und aus dem Grün der Gärten. Im weiten Umkreise, besonders nach Norden reihte sich Feld an Feld, zwischen denen viele Gehöfte zerstreut lagen.
Da dachte ich an die fleißigen Landleute und Ackerbürger, die sich hier um den Segen der Fluren mühen. Die Lübbecker Landstraßen mit ihren Obstbaumreihen schlängelten sich durch diese fruchtbare Ebene. Eisenbahnzüge von Westen, Norden und Osten durcheilten die Flur. Ihre Abfahrt und Ankunft erfolgte auf den beiden Bahnhöfen unten im Südwesten der Stadt. Die dampfenden Fabrikschornsteine vor mir belebten das Bild noch mehr. Ich zählte nach ihnen die verschiedenen Betriebe in Lübbecke auf: Zigarrenfabriken, Nähereien, Färbereien, Gerbereien, Zuckerwarenfabriken, Ziegeleien, eine Weberei, eine Papierfabrik und eine Brauerei. Als die

Dampfpfeifen einiger Fabriken den fleißigen Arbeitern die Feierstunde meldeten, trat ich den Heimweg an.

Nr. 195 DER MARKTPLATZ DER STADT LÜBBECKE

Unser Marktplatz dehnt sich im südlichen Teile meiner Vaterstadt Lübbecke als eine große, viereckige Fläche aus. Er liegt auf einer Anhöhe und nimmt sich in seinem Linden - und Kastanienbaumschmuck gar freundlich aus. Zwei gepflasterte Straßen, eine an der Nordseite und eine an der Südseite, führen am Marktplatz her, und etwa durch seine Mitte geht ein breiter, ungepflasterter Weg. Rings am Markt stehen meist ältere, schlichte Häuser. An der Südseite erhebt sich das große, stattliche Gebäude der evangelischen Bürgerschule, und hinter diesem ragt der Turm der evangelischen Pfarrkirche empor. Die Nordseite des Marktplatzes ziert außer einem großen, hübschen Neubau das alte Rathaus der Stadt mit seiner mittelalterlichen Front. Die dicke Burgmauer eines etwas zurückliegenden adeligen Hofes mit einem gewölbten Eingangstor bildet zum größeren Teil die Westbegrenzung des Marktplatzes Der Marktplatz führt seinen Namen von dem alle vierzehn Tage hier stattfindenden Viehmarkt. Vom Monat Juni bis in den Monat November wird hier auch jeden Montag und Donnerstag Wochenmarkt (Gemüsemarkt) abgehalten. Auf dem Marktplatze spielen wir Kinder während der Unterrichtspausen und nach der Schulzeit. Im Winter fahren wir hier Schlitten und vergnügen uns mit Schneeballwerfen. Bei Volksfesten ist de Marktplatz auch der Sammelplatz für die Erwachsenen. Das Schützenbataillon hält hier all zwei Jahre am Schützenfest vor dem Bürgermeister und den Stadtverordneten die Parade ab.

DAS LÜBBECKE -- LIED

Aus dem 40. Berufsjahr, 1932, stammt das Lübbecke – Lied, zu dem Lazarus auch die Melodie komponierte, das der evangelische Kantor Heinz – Hermann Grube in seiner Funktion als Leiter des Lübbecker Sinfonieorchesters beim Neujahrkonzert 2002 und seitdem noch einige Male aufgeführt hat.

Mein Lübbecke, o sei gegrüßt!

Umrahmt vom lichten Wiehenbergland
Und von der Fluren Sommerpracht,
Tritt es hervor, Dir zugewandt,
Mein Städtlein, anmutig und lacht.

Es schaut zurück auf alte Zeiten,
Erzählt von König Wekings Reich,
Von Sachsentreue, Glauben, Leiden,
Von Einfachheit, die machet reich.

Aus Häuserreihen sich erheben
Fabriken, ihr Ruf weit bekannt;
Gewerbe, Kunst und reges Streben
Den Bürgern stärket Geist und Hand.

Ein Bild des Friedens und der Treue,
Mein Städtlein! Segen sich ergießt
Von Dir, des jedermann sich freue.
Mein Lübbecke, o sei gegrüßt!

Jahrhunderte umgaben Mauern
Und Wälle unsre kleine Stadt,
Doch Bürgerzierden überdauern,
Fleiß immer hier gegolten hat.

EXKURS

Max Lazarus (1892 – 1961) Künstler und Synagogenmaler
Gestalter der Lübbecker Synagoge 1928
Zusammenfassung nach Bärbel Schulte, Max Lazarus. Trier – St. Louis – Denver. Ein jüdisches Künstlerschicksal, Trier 2010

Der in der Überschrift genannte Max Lazarus ist ein Neffe des Lübbecker Max Lazarus und Sohn eines älteren Bruders. Von seinen Eltern bekam er 1892 in Trier den Vornamen seines Onkels Max, der gerade in Lübbecke sein Amt als Religionslehrer, Kantor und Vorbeter der dortigen Jüdischen Gemeinde angetreten hatte.

Bärbel Schulte, Katalogeinband
Blick durch ein Fenster der Porta Nigra auf St. Gangolf, 1926, Öl auf Leinwand, 87x57 cm, Stadtmuseum Simeonstift Trier

Bis zur Veröffentlichung des umfangreichen Katalogs „Max Lazarus. Trier — St. Louis - Denver. Ein jüdisches Künstlerschicksal" von Bärbel Schulte, der jetzigen Direktorin des Trierer Stadtmuseums Simeonstift im Jahr 2010 nach jahrelangen Recherchen und der zeitgleichen Ausstellung mit Gemälden, anderen Arbeiten sowie fast allen Entwürfen zur Ausmalung mehrerer Synagogen in Deutschland war der Maler Max Lazarus fast vergessen; abgesehen davon, dass einige seiner Trierer Stadtbilder und Gemälden aus der Umgebung von Trier zu den Beständen des Trierer Stadtmuseums gehörten. In der „Reichspogromnacht" 1938 sind alle acht Synagogen und eine Friedhofshalle, die Lazarus gestaltet hat, von den Nazis verwüstet und verbrannt worden.

Entwurf für den Innenraum der Lübbecker Synagoge, 1928
(B. Schulte, Katalog, S.299)

Weil zu seinen Synagogengestaltungen auch die Lübbecker Synagoge gehört (die Herforder Synagoge ist weiterhin zu nennen) soll Lazarus hier gewürdigt werden, auch deshalb, weil er nach Meinung von Fachleuten zur Geschichte der Synagogen in Deutschland zu den zwei, drei bedeutendsten Künstlern gehört, die in der ersten Hälfte des 20. Jahrhunderts Synagogen gestaltet haben.

Da fast alle Entwürfe zu Synagogenausmalungen im Besitz der Nachkommen von Max Lazarus in den Vereinigten Staaten erhalten sind, können wir uns heute erfreulicherweise ein gutes Bild davon machen, auf welchem künstlerischen Niveau Max Lazarus Synagogen ausgemalt hat. Darüber hinaus waren bisher nur Schwarz – Weiß - Fotos von den Ausmalungen bekannt; so ist der Wert der farbigen Entwürfe um so größer.

Zweiter nicht ausgeführter Entwurf für die Lübbecker Synagoge (B. Schulte, Katalog, S.301)

Weil die Synagogengestaltungen der Schwerpunkt seiner künstlerischen Tätigkeit in den Jahren zwischen 1921 und 1931 sind, wird im Folgenden exkursartig über die Ausmalung der Lübbecker Synagoge 1928 hinaus Max Lazarus mit einem Einblick in sein malerisches Schaffen aus fast vierzig Jahren vorgestellt.

Nach dem Besuch der Israelitischen Volksschule in Trier absolviert der 1892 geborene Max Lazarus von 1906 bis 1909 eine Dekorationsmalerlehre. Weil sein Lehrherr Carl Aich auch als Kirchenmaler tätig war bekommt Lazarus hier einen ersten

Einblick in die farbige Gestaltung kirchlicher Räume. Schon vor der Gesellenprüfung hatte er begonnen sich als Schüler der Handwerker – und Kunstwerbeschule zeichnerisch und malerisch weiterzubilden. Dies setzte Lazarus bis 1911 fort mit jeweils kürzerem Besuch der Kunstgewerbeschulen in Düsseldorf, München und Weimar. In diesen Jahren arbeitet er immer wieder bei verschiedenen Dekorationsmalern um seinen Unterhalt zu finanzieren. Es schließen sich Arbeitsjahre in verschiedenen Betrieben und Druckereien in Trier an. Erfolgreich ist Lazarus mit Farblithographien, die zum Teil für die Ausschmückung von Eisenbahnabteilen verwendet werden.

Ab Februar 1915 bis zum Sommer 1918 ist Max Lazarus , wie zehntausende andere Deutsche jüdischen Glaubens als Soldat an der Westfront in Nordfrankreich an der belgischen Grenze nahe der großen Flandernschlachten eingesetzt. Aufgrund einer Lungen – und Rippenfellentzündung hört seine aktive Kriegsteilnahme auf. Diese Gesundheitsschädigung, die möglicherweise eine Folge des Einsatzes von Kampf – und Giftgasen sein könnte, beeinträchtigte Max Lazarus für den Rest seines Lebens.

Nach dem Ende des Ersten Weltkriegs besucht Lazarus nochmals für kurze Zeit eine Kunstakademie in Berlin. Dort hat er renommierte Lehrer wie Georg Muche und Georg Tappert, der zu den wichtigsten Künstlern des deutschen Expressionismus gehört.

Lazarus kehrt in seine Heimatstadt Trier zurück und lässt sich als Maler bzw. als „Kunstmaler" nieder. Vom Verkauf seiner Gemälde, Porträtaufträgen und den Aufträgen zur künstlerischen Ausmalung von Synagogen kann Lazarus das Leben seiner Familie finanzieren. Zeitweilig gehört er der Trierer Künstlergilde an.

Max Lazarus dürfte 1928 und 1931 für die Ausmalung der beiden Synagogen monatelang bei seinen Lübbecker Verwandten gewohnt haben; auch wenn bisher keine schriftlichen Nachweise dafür bekannt geworden sind. Leider hat er hier auch wohl keine Bilder gemalt, wie vor allem in seiner Trierer Heimat.

Deshalb möge die folgende Werksauswahl Ihnen zeigen, in welchem Maße sich Lazarus vor allem von Max Liebermann und Paul Cezanne hat inspirieren lassen.
(Die Veröffentlichung eines längeren Katalogauszugs mit dem Schwerpunkt auf alle Entwürfe für die Ausmalung der acht 1938 von den Nazis zerstörten Synagogen soll in Absprache mit Frau Dr. Bärbel Schulte demnächst in dieser Reihe „Judaica westfalica regionalia" erfolgen)

Nach 1933 wurde es für Max Lazarus angesichts der Ausgrenzung deutscher Juden aus der Gesellschaft bis hin zum Berufsverbot schwierig den Lebensunterhalt für sich und seine Familie zu verdienen. Einige nichtjüdische Freunde halfen ihm mit gelegentlichen Aufträgen. Im Frühjahr 1938 wurde Lazarus gezwungen sein Haus in der Trierer Altstadt weit unter Wert, an ein NSDAP – Mitglied zu verkaufen.

Die Familie Lazarus emigriert schließlich am 2./3. September von Rotterdam aus in die USA.

In St. Louis, damals eines der Hauptziele deutscher Flüchtlinge, halfen aus Trier stammende Bekannte, die schon früher ausgewandert waren. Dort versuchte Max Lazarus Fuß zu fassen. In Abendkursen lernte er Englisch und verdiente mit dem Bemalen von Bauernmöbel und der Gestaltung von Tapetenmustern sein erstes Geld. Als Künstler gelang es nur allmählich Erfolg zu haben. Als ein Beispiel für die künstlerische Weiterentwicklung sei auf die Abbildung des Stadtmotivs auf der „Hör Zu" – Seite hingewiesen.

Anfang der Vierziger Jahre sind lange Sanatoriumsaufenthalte nötig.

1947 zieht Lazarus seiner Gesundheit zuliebe mit seiner Frau nach Denver in Colorado.

Ein letzter Besuch führt Lazarus 1954 nach Deutschland. Dort erfährt er, dass neben seinen drei Schwestern und ihren Familien noch 14 weitere Verwandte in den Konzentrationslagern der Nationalsozialisten ermordet worden waren.

In seinen verbleibenden Lebensjahren muss er seine Tätigkeit als Kunstlehrer aufgrund seiner Erkrankungen aufgeben.

Max Lazarus stirbt 1961 neunundsechzigjährig an den Folgen einer Magenkrebserkrankung in Denver.

Meine Mutter (Karoline Lazarus), um 1919, Öl auf Leinwand, 66x49 cm, Privatbesitz

Landschaft im Busental bei Trier, 1931, Tempera auf Papier, 59x49 cm, Privatbesitz

Selbstbildnis 1956, Öl auf Leinwand, 61x51, Privatbesitz

ORIGINAL & FÄLSCHUNG „Grand Avenue St. Louis" von Max Lazarus um 1940 (Öl auf Leinwand, 66,3 x 51 cm)
Zehn Fehler sind in der Fälschung versteckt. Sie finden sie beim Vergleich mit dem Original (links). Die Lösung steht im nächsten Heft

Neuanfang in St. Louis

Man muss sich das vorstellen: Von den etwa 800 jüdischen Bürgern, die 1933 noch in Trier lebten, werden nach dem Krieg nur vierzehn zurückkehren. Die übrigen sind entweder deportiert, ermordet oder wie Max Lazarus ausgewandert. 1938 geht er mit seiner Familie in die USA, nach St. Louis/Missouri, wo viele Jahre später auch Max Beckmann seine Zelte aufschlagen wird. Pech für Lazarus, dass der dort vorherrschende Kunstgeschmack wenig an den modernen Strömungen geschult war. Bilder wie das vorliegende unterscheiden sich stark vom teils sentimentalen Regionalismus der 30er-Jahre. Die Art und Weise, wie hier satter Farbauftrag sich abwechselt mit sehr dünn bestrichenen Flächen, die noch die Struktur der Leinwand durchschimmern lassen, macht das Bild ungeheuer kraftvoll und dynamisch. Kein Vergleich zu den Mosellandschaften, die Lazarus noch einige Jahre zuvor gemalt hatte.

Eine Tuberkulose zwang den Maler 1942 dazu, sich in eine Klinik nach Denver zu begeben, in die Stadt, die dann auch sein neuer Lebensmittelpunkt werden sollte. Nur einmal, 1954, ist Lazarus noch in seine Heimatstadt zurückgekehrt, musste aber wegen schlechter Gesundheit die Reise vorzeitig abbrechen. Richtig erholt davon hat er sich nicht mehr. **RAINER MARX**

MAX LAZARUS (1892–1961) Deutscher Maler des expressiven Realismus

AUSSTELLUNG
Das Original ist in der Ausstellung **Max Lazarus. Trier – St. Louis – Denver. Ein jüdisches Künstlerschicksal** im Stadtmuseum Simeonstift Trier zu bewundern. Bis 27. Juni 2010.

Seite aus der „HÖR ZU", 2010, Nr. 23, im Juni, als die Max - Lazarus – Ausstellung in Trier noch geöffnet war

Baustelle in Denver, um 1955, Öl auf Pappe, 75x51, Privatbesitz

Jüdische Teilnahme am Lübbecker Vereinsleben um 1900

Dina Mergentheim als Mitglied des Lübbecker
Kirchenchores um 1880; zweite Reihe, zweite
Dame von rechts
Foto: Fred Edwards, London

Vor der Stadtschule am Markt um die Jahrhundertwende
Jacob Hurwitz (* 6.5.1860, + 29.7.1915) war im
Jahre 1909 schon 27 Jahre lang Mitglied der "Frei-
willigen Feuerwehr" in Lübbecke
Foto: Hüffmann, H., 1200 Jahre Lübbecke. Hüllhorst 1975,

Wo jüdische Familien um 1900/1930 wohnten und ihre Geschäfte hatten

M.N.Rosenberg, Manufakturwarengeschäft, Langestraße 14, 3. Haus links, um 1900
Foto: StdtA Lk

Manufakturwarengeschäft Hermann Levy
Langestraße 5 um 1928
3. Haus rechts
Foto: StdtA Lk

Stammhaus der Familie Weinberg (M.B.Weinberg) in Lübbecke, Langestraße 40/42, um 1925
Foto: Dr. Gabriela Shelley

M. Löwenstein
Lübbecke.
Gemeinsamer Einkauf von 90 Geschäften.

Herren-Anzüge, aus eigenen Stoffen gefertigt, à Mt. 12.—, 15.—, 19.—, 24.—, 27.—

Herren-Anzüge, extra la. Arbeit auf Rohhaar, Ersatz für Maß. Mt. 29.—, 30.—, 35.—, 40.—, 45.—, 48.—

Knaben-Anzüge von Mt. 2.50 bis Mt. 25.—

Waschanzüge und Waschblousen
für jedes Alter von 90 Pfg. an bis zu den elegantesten Sachen.

Spezial-Abteilung:
Berufskleidung für Schlachter, Bäcker, Friseure, Schriftsetzer und sonstige Handwerker stets am Lager.

Maßanfertigung in kürzester Zeit unter Garantie für tadellosen Sitz und beste Verarbeitung.

Neu aufgenommen:
Farbige Herren-Ober-Hemden
(Zephyr)
in hübschen Dessins.

| Eine Wohnung, 4 Räume mit Küche, auf sogleich oder später zu vermieten. Nachzufragen in der Expe. d. | Habe 3 Fuder guten Dünger abzugeben. H. Kahle, Holzhausen. | Rechtsauskunftsstunde Sonntag den 17. d. Mts. morgens von 9 Uhr an im Lokale des Herrn Baumeister. |

Aus Lübbecker Kreisblatt vom 16. 5. 1908

Quelle: Hüffmann, H., Bilder und Ansichten. Lübbecke 1980, S. 62

Blick in die Lange Straße um die Jahrhundertwende.
Links Textilkaufhaus M. Löwenstein.

Lübbecke im Sommer 1937
Im Hintergrund: der westliche Vorbau der Synagoge mit dem Schulraum
Im Vordergrund: Frau Siebe mit Tochter Elsbeth
Foto: StdtA Lk

Zur Kundschaft und zum Sortiment der Firma M.B.Weinberg

" Unsere Geschaeftskundschaft bestand groesstenteils aus Landleuten, die per Rad aus den umliegenden Doerfern zu uns kamen. Meine Mutter war nicht nur eine Spezialistin in Trachten sondern auch in Mundarten. Wenn Kunden unseren Laden betraten konnte sie sofort an ihrem Plattdeutsch erkennen, aus welcher Ortschaft sie kamen, i.[d] e.[st] Frotheim, Holzhausen, Huellhorst, Eilhausen, Obermehnen, Unterluebbe, Oberbauerschaft etc. etc., und dasselbe war der Fall bezueglich der Tracht der aelteren Frauen. Unser Geschaeft war eines der wenigen, in welchem man noch alle Zubehoer fuer diese Trachten kaufen konnte. Wahrscheinlich traegt heutzutage fast keiner mehr diese Trachten – ausser fuer folkloristische Taenze, speziell der Bueckeburgerinnen. "

Quelle: Brief von Dr. Lore Shelley vom 28.2.1993

Schützenzug in der Langestraße 1930; links das Geschäft Weinberg; rechts im Hintergrund die Synagoge; Foto: Firmenarchiv Eduard Gerlach

Wohn- und Geschäftssitze jüdischer Mitbürger der Stadt Lübbecke um 1926/27

1)	Salomon	Hecht	Ostertorstr. 9	Fabrikant
2)	Nathan	Ruben	Ostertorstr. 6	Mechanische Kleiderfabrik
3)	Thekla	Schöndeln	Ostertorstr. 4	Witwe
4/5)	Abraham	Hecht	Ostertorstr. 5/7	Berufskleider u. Wäschefabrik
6)	Moritz	Lazarus	Ostertorstr. 3	Handlungsgehilfe
7)	Hilde	Weinberg	Langestr. 40/42	Geschäftsinhaberin
7)	Meta	Weinberg	Langestr. 40/42	Witwe
7)	M.B.	Weinberg	Langestr. 40/42	Manufaktur- u. Modewarengeschäft
8)	M.	Löwenstein	Langestr. 34/36	Modewarengeschäft
9)	Bernhard	Neustädter	Langestr. 16	Kaufmann
10)	Max	Rosenberg	Langestr. 15	Vertretungen in Textilien
11)	Hermann	Levy	Langestr. 5	Manufakwarengeschäft
11)	Feodor	Steinberg	Langestr. 5	Rentner
11)	Salomon	Steinberg	Langestr. 5	Rentner
12)	Hermann	Hecht	Osnabrücker Str. 4	Fabrikant
12)	Elisabeth	Hecht	Osnabrücker Str. 4	Kontoristin
13)	Max	Lazarus	Bahnhofstr. 16	Lehrer
14)	Feodor	Hurwitz	Bahnhofstr. 7	Viehhandlung
15)	Adolf	Wolf	Bahnhofstr. 26	Kaufmann
16)	Rosalie	Mansbach	Scharrnstr. 11/13	Rentnerin
16)	Emilie	Ruben	Scharrnstr. 11/13	Witwe
17)	Leopold	Bloch	Bäckerstr. 3	Kaufmann
18)	Martha	Mergentheim	Kapitelstr. 13	Rentnerin
19)	Max	Hecht	Bergertorstr. 12	Lagerist
19)	Johanna	Hurwitz	Bergertorstr. 12	Witwe

Quelle: Kreisadreßbuch Lübbecke 1926/27

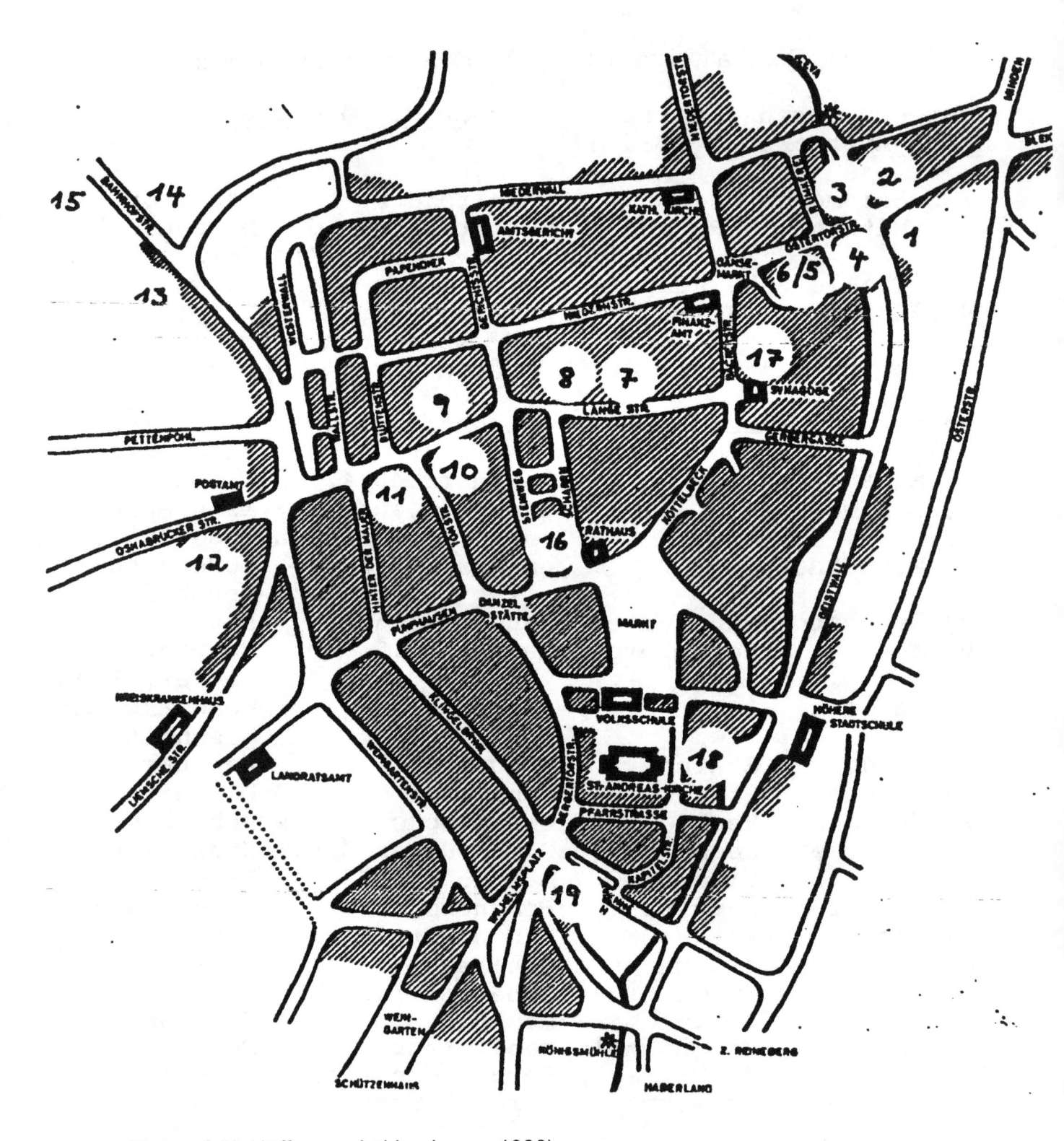

(Entwurf: H. Hüffmann, Lübbecke um 1920)

Jüdische Textilunternehmer als Arbeitgeber in der Stadt Lübbecke

Jahr	N.Ruben	A.Hecht	M.N.Rosenberg
1896/1897	200 Näherinnen als Heimarbeiter		
1898	250 Näherinnen als Heimarbeiter		10 Heimarbeiterinnen
1899	300 Näherinnen als Heimarbeiter; in der Fabrik: 50 Arbeiterinnen; 35 Beschäftigte als Kontoristen, Reisende, Lagerarbeiter, Zuschneider		12 Heimarbeiterinnen
Sommer 1913:	122 Beschäftigte ohne Heimarbeiter	23 Beschäftigte ohne Heimarb.	11 Beschäftigte (Sommer) Betrieb ruht ab Winter
1926:	350 Angestellte, Arbeiter einschl. Heimarbeiter	12 Angestellte; 98 Arbeiter	
1932:	86 Beschäftigte ohne Heimarbeiter	71 Beschäftigte ohne Heimarbeiter	

Quellen: StA Dt,M2 Lübbecke,Nr.2045,Bl.13,88, 134
StdtA Lk,CII 13.74,Bl.156,188,282
WWA K4,Nr.98,Bl.163,164

Durchschnittlicher Tageslohn für Industriearbeiter/innen in Lübbecke(M=Mark;d=Pfennig; RM=Reichsmark)

Männer (1897):1 M 50 d;(1913):2 M 25 d
(1920):2 M 50 d;(1925):2,30RM(16-21Jahre)
(1925):3,00RM(über 21 J.)

Frauen (1897):1 M 20 d;(1913):1 M 75 d
(1920):2 M   ;(1925):1,80RM(16-21Jahre)
(1925):2,40RM(über 21 J.)

Quellen: StdtA Lk,CII 13.31,Bl.42',97'
StdtA Lk,CII 14.4a,Bl.83,179

III. NATIONALSOZIALISTISCHE VERFOLGUNG UND HOLOCAUST

Der erste Boykott jüdischer Geschäfte 1933,
vor dem Geschäft Weinberg in der Langen Straße.

Dieter Zassenhaus, Wie sich der Nationalsozialismus in Lübbecke breitmachte

Der Kreisleiter lieferte Benzin, als die Synagoge nicht brennen wollte

Lübbecke. „Nahezu 600 Jahre haben Juden in dieser Stadt gelebt, bevor die Synagogengemeinde Lübbecke dem nationalsozialisten Terror und Rassenwahn zum Opfer fiel." Wie sich die Dinge bis dahin steigerten, war das Hauptthema eines Vortrages von Dieter Zassenhaus, Verfasser der Studie über die Geschichte der Juden in Lübbecke, in einer Gedenkveranstaltung zum 50. Jahrestag der „Reichkristallnacht" vor einem großen Zuhörerkreis. Im Anschluß an sein Referat schilderten auch einige Lübbecker Bürger aus ihrer Erinnerung die Ereignisse um den 9. November 1938.

Zassenhaus beschrieb in einem geschichtlichen Abriß, welchen Benachteiligungen und Drangsalen die Juden auch hierzulande zu allen Zeiten ausgesetzt waren. Nur für einen kurzen Zeitraum, von 1807 bis 1815, unter französischer Herrschaft, waren die jüdischen Bürger den christlichen wenigstens per Gesetz gleichgestellt.

Die Juden ihrerseits versuchten, gute Bürger zu sein. Dieter Zassenhaus zitierte Max Lazarus, der 1892 als Lehrer nach Lübbecke kam und damals nur fünf Schüler hatte (die jüdische Gemeinde hatte 60 bis 70 Mitglieder). Lazarus beschriebe die Synagogengemeinde als eine „scheinbar völlig in ihre christliche Umwelt integrierte, wirtschaftlich erfolgreiche Gemeinde, in der sich Desinteresse in jüdisch-religiösen Dingen breit zu machen begann."

Im Ersten Weltkrieg wurden Juden eingezogen, drei meldeten sich sogar freiwillig, erhielten Tapferauszeichnungen, wurden verwundet oder fielen.

Max Lazarus dirigierte auch christliche Gesangsgruppen, gab Geigen- und Klavierunterricht, jüdische Kinder sangen im Kirchenchor mit, N. Rosenberg war Schützenkönig, Hermann Levy, Alfred Löwenstein und Theodor Hurwitz waren im Turnverein und in der Feuerwehr.

Unterdessen hörte man zunehmend antisemitische Töne. Zassenhaus: „Im Laufe des 18. und vor allem des 19. Jahrhunderts hatte sich der religiös geprägte Judenhaß zu einem wirtschaftlich und rassistisch begründeten Antisemitismus gewandelt." Max Lazarus fragte einen Juden, der nach Lübbecke ziehen wollte: „In die finstere Ecke wollen Sie, wo die Antisemitenführer wühlen und wüten?"

Zassenhaus erläuterte, wer damit gemeint war, nämlich Leute wie der Hofprediger Adolf Stoecker (Reichtagsabgeordneter für Minden-Lübbecke), der große Wahlerfolge, besonders bei den Bauern, zu verzeichnen hatte.

Für den Aufstieg der Nazis im Kreis Lübbecke nannte Zassenhaus als Fixmarke die Gründung einer kleinen Ortsgruppe in Tengern durch Fritz Homann, Bezirksleiter der Partei in Bielefeld, 1926. Erst 1930 kam es zur Gründung einer Ortsgruppe in Lübbecke (acht Parteigenossen).

Bei der Reichstagswahl am 14. September 1930 erhielt die NSDAP hierzulande schon 26,5 Prozent der Stimmen (im Reich 18,3 Prozent). 1931 wurde in Lübbecke der erste SA-Sturm gegründet. Am 31.7.1932 wählten bereits 60,7 Prozent im Kreis Lübbecle die NSDAP (im Reich 37,3 Prozent), bei der letzten Reichstagswahl am 5. 3.1933 stimmten 71,4 Prozent im Kreis Lübbecke für die NSDAP (im Reich 43,9; im Kreis Minden 48,4). In der Stadt Lübbecke waren es 47,6 Prozent.

Im April 1933 übernahmen die Nazis das Rathaus. Ernst Meiring wurde kommissarischer Bürgermeister (bis 1938, danach Kreisleiter bis 1943).

Zassenhaus legte in seinem Referat anschaulich dar, wie nach der Machtergreifung die Rassenhetze immer mehr zunahm. Die erste regelrechte Boykottmaßnahme gegen Juden traf im März 1933 das Kaufhaus „Weka" (Ecke Lange Straße/Bahnhofstraße). Die SA schloß vorübergehend das Haus und brachte ein Schild an mit der Aufforderung, nur in deutschen Geschäften zu kaufen.

Zassenhaus wertete das als ein Auftrumpfen des Kampfbundes des gewerblichen Mittelstandes und der braunen Machthaber sein. Ende Juni 1933 wurde Weka endgültig geschlossen.

Am 1. April 1933 wurden reichsweit alle jüdischen Geschäfte boykottiert. „Das Demütigendste war daran", so Zassenhaus, „daß nach offizieller Lesart die SA die jüdischen Geschäfte vor Übergriffen von unkontrollierbaren antisemitischen Elementen schützen sollten." Wer künftig die Geschäfte betrat, wurde fotografiert und öffentlich denunziert.

Hermann Levy war das erste Opfer des zunehmenden Kundenschwundes. Er mußte 1935 aufgeben. Weinberg konnte sich bis zum November 1938 halten. Dann wurde das Geschäft zerstört und „arisiert".

Die „Arisierung" hatte 1937 begonnen: Jüdische Firmeninhaber mußten ihre Unternehmen erheblich unter Wert verkaufen, so zum Beispiel August 1938 die Firma Hecht. 1938 waren nur noch die Firmen Ruben und Weinberg im Besitz der rechtmäßigen Eigentümer.

Nicht alle Bürger glaubten den rassistischen Parolen. So kaufte mancher mehr oder weniger heimlich immer noch bei den Juden, half ihnen und versorgte sie mit Nahrungsmitteln, und zuweilen wurden Aushangkästen des „Stürmer" demoliert.

Andererseits ließ Mitte der dreißiger Jahre der Fabrikant P. einen Pfahl auf dem Grundstück Ecke Lange Straße/ Weingarten mit einem „Stürmer"-Kasten aufstellen, auf dem sieben Raben saßen mit Köpfen, die den Juden des Ortes ähnlich sehen sollten.

Bis Ende 1937 hatte ein Drittel der jüdischen Lübbecker ihre Stadt verlassen. Die übrigen zogen sich mehr und mehr zurück. Alte Bekannte grüßten nicht mehr, weil sie es nicht wollten oder nicht wagten.

Am 9. November 1938 dann: die

Solch ein Schild wurde 1935 am südlichen Ortseingang an der Bergstraße in Lübbecke aufgestellt.

[Schild: „Juden sind in diesem Orte nicht erwünscht!"]

Foto des Innenraums der Synagoge nach dem Entwurf von Max Lazarus 1928

DIE LÜBBECKER SYNAGOGE vor der Zerstörung. Die Trümmer des ausgebrannten Hauses wurden später beseitigt. Am 3. Januar 1939 — dies hat Stadtarchivar Helmut Hüffmann ermittelt und in den Gesprächen am Vortragsabend berichtet — kaufte die Stadt das Grundstück für 500 Reichsmark mit allem Anschein der Rechtmäßigkeit von der jüdischen Gemeinde (später wurde das Vermögen sowieso wieder konfisziert). Den Kauf tätigten für Stadt Bürgermeister Dr. Becker (nach dem Krieg Stadtdirektor in Lübbecke) sowie die „Beigeordneten" Kreisleiter Meiring und Ortsgruppenleiter Brinkmann.

„umfassende Raub- und Mordaktion gegen die noch verbliebene jüdische Bevölkerung". Dieter Zassenhaus wußte zu berichten: „Gegen 2 Uhr nachts zogen 20 bis 30 SA- und SS-Männer aus Lübbecke und Detmold die Osnabrücker Straße in Richtung Lange Straße hinauf. Bevor sie die Adolf-Hitler-Straße (Weingarten) überquerten, hatten sie schon in der Hechtschen Villa einen Schaden von rund 2 000 Reichsmark verursacht.

Später verwüsteten sie das Geschäft Weinberg und die Villa Ruben. Ruben wurde noch in der Nacht abgeführt und zum Verkauf seiner Firma zu lächerlichen Konditionen an seinen Angestellten D. gezwungen. Für mehrere Monate verschwand er im KZ und emigrierte, sobald er freikam, nach England.

Zassenhaus schilderte den Marsch auf die Synagoge weiter: „Singend und lärmend zogen sie jetzt die Lange Straße hin in Richtung Synagoge." Sie brachen das Gotteshaus auf, warfen Kultgegenstände auf die Straße, versuchten das Haus in Brand zu setzen. Als dies nicht gelingen wollte, stellte Kreisleiter Meiring Benzin zur Verfügung. In den Morgenstunde war die Synagoge „nur noch ein rauchender Trümmerhaufen".

Die Feuerwehr, das belegen zeitgenössische Berichte, die Zassenhaus vorlegen konnte, beschränkte sich auf den Schutz der Nachbarhäuser.

Zassenhaus faßte zusammen: „Die jüdische Gemeinde existierte nicht mehr. Innerhalb von drei Monaten zogen fast alle jüdischen Bürger weg." Wer blieb oder nicht weit genug fliehen konnte, wurde von den Nazis später gefaßt und in die Vernichtungslager transportiert. Nur wenige entgingen der Ermordung.

Ein Lübbecker erinnert sich: Was der Zehnjährige am 8. und 9. November 1938 auf den Straßen erlebte

Günther Niedringhaus vor der alten Gartenpforte der ehemaligen Villa Ruben an der Ostertorstraße. — Das andere Foto, es ist wohl das einzige noch greifbare, zeigt die Lübbecker Synagoge im Hintergrund. Es stammt aus dem Jahre 1937.

Einer rief: „Bei den Juden wird jetzt alles kaputtgehauen"

Lübbecke. Die „Reichskristallnacht" gilt als Fanal der endgültigen und rücksichtslosen Verfolgung der Juden in Deutschland — und wurde auch damals so empfunden. Vorgeschobener Anlaß der Nazis für die Ausschreitungen gegen die jüdische Bevölkerung war die Ermordung eines deutschen Botschaftsangehörigen in Paris durch den Extremisten Herschel Grynszpan. Was ereignete sich nun heute vor fünfzig Jahren in Lübbecke? Ein Augenzeuge, Günther Niedringhaus, heute Ratsherr in seiner Heimatstadt und damals ein Schüler von zehn Jahren, erinnert sich genau an jenen Tag in der alten Kreisstadt. Dr. Susanne von Garrel schrieb für die NEUE WESTFÄLISCHE auf, was er erzählte.

In der Nacht zum 9. November gingen die Sirenen, erinnert sich Niedringhaus. Von meinem Elternhaus in der Niedertorstraße aus konnte ich sie gut hören und stand gleich auf. Sonst lief man auf die Straße hinaus, um zu sehen, was los war. Diesmal verboten mir meine Eltern das und sagten nur: „In der Stadt brennt es, geh wieder ins Bett." Durch die Fenster konnte ich den Feuerschein sehen.

Am nächsten Morgen machte ich mich wie üblich auf den Schulweg — nur in der Schule am Markt kam ich, an diesem Morgen nicht an. Mein Weg führte quer durch die Innenstadt zur Schule (Niedertorstraße, Bäckerstraße), und jetzt sah ich, wo es gebrannt hatte und noch brannte: Qualm und Feuer waren von der Niedernstraße zu sehen.

Auf dem Gänsemarkt angekommen, sah ich, daß die Feuerwehrspritze auf der Langen Straße/Ecke Bäckerstraße stand — und dann sah ich eine Menschenmenge und Qualm dort, wo die Synagoge stand.

Meinen Ranzen brachte ich schnell zu Bäcker Stiebe hinein (heute Tschibo), der Sohn war in meiner Klasse. Nun konnte ich schnell zur Synagoge laufen, um zu sehen, was los war. Die Synagoge war um diese Zeit (kurz vor 8 Uhr morgens) fast heruntergebrannt, es brannte nur noch innen. Die Feuerwehr löschte nicht, sondern spritzte Wasser nur auf die umliegenden Häuser, damit das Feuer nicht übergriff (heute die Häuser Hehemeyer, Krämer, Freese).

Ich fragte die Leute, was denn hier los sei, und jemand aus der Menge rief:„Bei den Juden wird jetzt alles kaputtgehauen!" Ich stand auf der Kreuzung Lange Straße/Bäckerstraße und drehte mich nun und schaute in die Lange Straße hinein: Ein Auflauf von Menschen stand dort. Aus zwei Häusern (heute Wind und Reinköster) wurden aus dem Obergeschoß Gegenstände geworfen, die Fenster waren kaputt, die Gardinen wehten heraus.

Als ich eben hinlaufen wollte, sah mich ein Junge aus meiner Klasse und rief mir zu:„Bei Ruben sind sie auch!" Den jungen Ruben kannte ich gut, hatte manchmal mit ihm gespielt und rannte jetzt schnell durch die Bäckerstraße zur Ostertorstraße dorthin. (Die Villa Ruben ist heute das ‚Stadtpalais'). Das Kinderzimmer kannte ich dort: Wenn man hereinkam gleich links lag es, darin viel Spielzeug und das Schönste darin — eine echte metallene Adler-Registrierkasse für Kinder, eine ungeheure Kostbarkeit für mich. Sie glänzte wunderbar, faßte sich richtig schwer an und klingelte, wenn man drehte; dann sprang die Geldschublade auf und oben wurde der Betrag angezeigt, den man eingetippt hatte. Etwas Schöneres, selbst wenn man sie nur ansah, konnte ich mir nicht vorstellen.

Als ich am Haus ankam, lag die Registrierkasse draußen, jemand hatte sie aus dem Fenster geworfen, jetzt trampelte ein SA-Mann darauf herum. Tränen traten mir in die Augen, im Hals hatte ich einen Kloß. Ich verstand nichts: Warum zerschlugen die SA-Männer das Kinderzimmer? Wie kann ein Mensch ein so wundervolles Spielzeug zertreten.?

Ich lief ins Haus, in den Flur, von dem man auch in verschiedene Zimmer gucken konnte, weil Türen offenstanden. Überall waren die Möbel umgestoßen, Dinge zerstört, alles verwüstet. Eine Stimme rief mir zu:„Mach bloß, daß du rauskommst, du hast hier nichts verloren!" Ich wollte ins Kinderzimmer, sah hinein: Auch hier nur noch Trümmer, Zerstörung.

Im Haus war die Zerstörung noch im Gange, ich hörte Stimmen, Geschrei. Die Familie Ruben habe ich nicht gesehen (später hat mir jemand erzählt, sie hätten sie alle in einem Zimmer zusammengetrieben und bewacht).

Nun wollte ich wenigstens die Kasse retten, vielleicht, daß man sie reparieren könnte. Ich nahm sie vorsichtig unter den Arm und wollte verschwinden, da stand plötzlich ein SA-Mann und schrie:„Laß das Ding bloß liegen!" Ich warf sie hin und rannte weg. An der Ecke blieb ich stehen, als ich merkte, daß mir keiner nachgelaufen war, und drehte mich um. Die schöne Rubenvilla, eines der größten und prächtigsten Häuser in der Stadt, gut gestrichen und mit einem sorgfältig gepflegten Garten, sah jetzt beinah wie ein Trümmerhaus aus: alle Fensterscheiben eingeschlagen, die Gardinen wehten heraus, in den zersplitterten Glasscherben spiegelte sich die Novembersonne. Vor dem Haus lagen viele Sachen, Hausrat, Einrichtungsgegenstände und — unwiederbringlich — die Registrierkasse, mit der wir gespielt hatten, kaputt und unerreichbar weit fort, obwohl es nur ein paar Meter bis dahin waren. Nie wieder könnte ich sie jetzt in die Hand nehmen.

Ich lief in die Lange Straße zurück, sah, daß die Synagoge immer noch brannte. Und immer noch kein Wasserstrahl der Feuerwehr. In der Langen Straße vor dem Haus des Kaufmanns Weinberg (heute Haus Reinköster) stand eine Menschentraube. Waren und Einrichtungsgegenstände lagen auf dem Bürgersteig, die Straße war abgesperrt, genau wie bei Ruben, wo ich als Kind einfach durchgeschlüpft war (Lange Straße und Ostertorstraße waren damals Durchgangsstraßen).

Viele Leute standen um die Absperrung herum. Aus der Menge hörte ich jemand fragen vor Weinbergs Haus:„Warum machen die denn alles kaputt? Die ganzen schönen Sachen liegen kaputt auf der Straße!"

Inzwischen war es schon zehn Uhr oder halb elf, mir fiel plötzlich die Schule wieder ein. Ich holte den Ranzen und lief hin (gemeint ist die alte Marktschule); dort fand aber gar kein richtiger Unterricht statt, zumindest in meiner Klasse waren wir allein ohne Lehrer.

Irgendjemand in der Schule sagte:„Da ist einer ermordet worden, und deshalb werden jetzt die jüdischen Häuser zerstört." So nach und nach sind wir dann alle wieder gegangen.

Ich bin gleich zu Ruben gelaufen, aber dort war jetzt alles völlig dicht abgesperrt. Viele Leute standen davor, unterhielten sich. Ich sprang hoch und erhaschte noch einen Blick auf einen Blechhaufen unter dem Kinderzimmerfenster, der einmal unser schönstes Spielzeug gewesen war. Weil es dann nichts mehr zu sehen gab, bin ich nach Hause gegangen, nicht mehr gelaufen.

Was ich gesehen hatte, konnte ich mir nicht erklären. Den jungen Ruben kannte ich doch gut, auch die Familie kannte jedermann in der Stadt, nicht nur wegen der schönen Villa, sondern auch, weil er Kleiderfabrikant war. Wenn die Lübbecker sonntags aus der Stadt zum Friedhof gingen, führte der Weg durch die Ostertorstraße, damals Durchgangsstraße. Und im Sommer saß dann oft die ganze Familie Ruben unter dem alten, riesigen Baum im Garten am Kaffeetisch. Gingen wir vorbei, wurde gegrüßt, und alle grüßten zurück, und Herr Ruben stand immer dazu auf; wohl deshalb erinnere ich ihn als einen besonders höflichen Mann, angesehen war er sowieso. Und auch die Gartenmöbel erinnere ich gut, weil sie etwas ganz Besonderes waren: weiß und gußeisern, das hatte kaum jemand damals und sah wunderbar aus.

Zu Hause habe ich gleich gefragt, was das alles bedeuten soll. Eine Antwort habe ich nicht bekommen. Mein Vater sagte nur: „Ich bin Beamter. Darüber spricht man nicht."

Antisemitische Artikel aus der NS Presse

Ja, die Juden werden frecher!

Ein Beitrag zu dem Thema: „Es gibt ja sooooo viele anständige Juden bei uns"

gh. Minden, 17. Juli.

Das schöne, große Schild mit den klaren, sehr gut lesbaren Buchstaben, das die Ueberschrift dieses Berichtes ziert, steht an einem für die Stadt Lübbecke mehr als wichtigen geographischen Punkt: am Ortseingang, so daß jeder, der hier des Weges kommt, genau weiß, ob sein Besuch erwünscht ist oder nicht. Als dieses Schild vor wenigen Wochen sichtbar wurde, mag es Leute gegeben haben, die ihr ehrwürdiges Antlitz mit dicken Sorgenfalten bedeckten und das erhabene Haupt ebenso erhaben schüttelten, es gab aber auch Volksgenossen — sie waren selbstverständlich in der überwiegenden Mehrzahl —, die voll innerlicher Beruhigung „Gott sei Dank!" sagten und dem Mann im stillen dankbar die Hand drückten, der den Mut besessen hatte, die Tafel aufzupflanzen, um damit zu dokumentieren, welcher Geist in der kleinen Stadt Lübbecke herrscht ...

Juden sind in diesem Orte nicht erwünscht!

NS Volksblatt 18.7.1935

Die Entjudung macht Fortschritte

Die jüdischen Betriebe, die es früher noch in unserer Stadt gab, sind der Reihe nach in arische Hände übergegangen, ebenso ist es auch mit den jüdischen Geschäften gegangen. Deutsche haben unser Volksvermögen zu verwalten. Nun sind auch mehrere jüdische Häuser in Lübbecke in nichtjüdischen Besitz übergegangen. Wir dürfen mit Befriedigung feststellen, daß die Befreiung unserer schönen Stadt von den Juden starke Fortschritte macht.

Quelle: Westfälische Neueste Nachrichten vom 30.12.1938

Die Ausplünderung und Enteignung der Juden oder: Die sog. „Arisierung jüdischen Eigentums"

Volker Beckmann, Die Ausplünderung der Juden

Die judenfeindliche staatliche Ausplünderungspolitik kam auch in der Sprache der Stadtchronik von Lübbecke zum Ausdruck, die für den 24.8.1938 festhielt:

.Die Kleiderfabrik der jüdischen Firma A. Hecht ist in arischen Besitz übergegangen. Die Firma heißt jetzt Lübbecker Kleiderfabrik Kaufmann u. Co Kommanditgesellschaft. Hoffentlich gibt es in Lübbecke bald keinen jüdischen Betrieb mehr.

Die Herrenkleiderfabrik und Webwarengroßhandlung mit der Firma A. Hecht (gegr. 1807), zu deren 125jährigem Bestehen in demokratischen Zeiten Bürgermeister Gerhard Reineke am 3.10.1932 seine Glückwünsche schriftlich übermittelt hatte ,wurde gemäß den Kaufverträgen vom 28.6. und 13.8.1938 von der „Lübbecker Kleiderfabrik, Kaufmann und Co KG" erworben. Nach dem Vertrag vom 13.8.1938 musste der Verkäufer substantielle Kaufpreissenkungen hinnehmen. Der Kaufpreis für die Gebäude und Grundstücke, Ostertorstraße 5 und 7, musste von 80.000 RM auf 71.820 RM gesenkt werden, obwohl der Rechtsanwalt der Firma A. Hecht darum gebeten hatte, 75.000 RM als Kaufpreis festsetzen zu lassen. Der Landrat als Preisüberwachungsbehörde hatte Hermann Hecht am 63.1938 mitgeteilt, dass er gegen den Verkaufspreis von 80.000 RM für den gesamten Hausbesitz einschließlich Fahrstuhl und Heizungsanlage keine Einwände habe. Der öffentlich bestellte und vereidigte Sachverständige für das Baugewerbe im Bezirk der Handwerkskammer zu Bielefeld schätzte den Wert der Grundstücke und der Gebäude im Auftrag der Firma A. Hecht am 18.7.1938 auf insgesamt 122.620 RM ein. Der Verkehrswert (tatsächlicher Wert, Marktwert) wurde also auf Druck des Gauwirtschaftsberaters in Münster um mehr als 40% gesenkt. Gegen die Entlassung des Vertreters Schreyer zum 1.10.1938 hatte die IHK Ostwestfalen nichts einzuwenden, da er Jude war. Die IHK Ostwestfalen teilte dem RP am 25.7.1938 mit, dass die zuständige Fachuntergruppe der Herren- und Knabenbekleidungsindustrie keine Einwände gegen eine zwangsweise Übernahme der Firma A. Hecht vorzubringen habe. Nach einer Durchführungsbestimmung vom 5.7.1938 mussten Industrie- und Handelskammern die zuständige fachliche Gliederung der Organisation der gewerblichen Wirtschaft gutachtlich anhören, wenn in der zu veräußernden Firma oder in dem Betrieb des Erwerbers mehr als 50 Gefolgschaftsmitglieder` beschäftigt wurden.
Die Käufer der Kleiderfabrik beabsichtigten, einen Kaufgeldrest bis zu 60.000 RM in monatlichen Raten in Höhe von 10.000 RM abzutragen" und den Kaufgeldrest zu 4% pro Jahr zu verzinsen. Allerdings ist davon auszugehen, dass die jüdischen Verkäufer nur über einen kleinen Bruchteil des Kaufgeldes frei verfügen konnten, denn nach der Verordnung über den Einsatz jüdischen Vermögens vom 3.12.1938 wurden Juden gezwungen, ihr Bargeld, ihren Schmuck und andere Wertgegenstände auf Sperrkonten zu deponieren. Die Verfügung über diese Werte war genehmigungspflichtig. Hermann Hecht wurde schon im Juli 1936 vom Finanzamt Lübbecke aufgefordert, 25.716 RM zur Sicherung der Reichsfluchtsteuer zu zahlen.

Der Zwangsverkauf der Kleiderfabrik mit der Firma Nathan Ruben KG in Lübbecke vollzog sich unter noch dramatischeren Bedingungen. Der erste Kaufvertrag datierte vom 5.9.1938. Dieser wurde aber zu Ungunsten des Verkäufers am 23.9. und 10.11.1938 verändert. Albert Ruben, persönlich haftender Gesellschafter der Firma Nathan Ruben, wurde während des Pogroms verhaftet, im Stadtgefängnis von Lübbecke festgehalten und gezwungen, einen zu seinen Ungunsten veränderten Kaufvertrag zu unterschreiben. Bis zu seiner Ausreise nach Großbritannien im August 1939 soll Albert Ruben in NS-Gefangenschaft geblieben sein. Nachweisbar ist, dass er im KZ Buchenwald festgehalten wurde. Nach einem Bescheid des RP vom 7.11.1938 sollte der Preis für das gesamte Eigentum, das Albert Ruben veräußern sollte, 220.000 RM nicht überschreiten. Am 1.11.1938 ordnete der RP in einem Schreiben an den Betriebsleiter der Firma Nathan Ruben an, dass für den Grundbesitz nicht mehr als 50.000 RM gezahlt werden sollten, während der Vertrag vom 5.9.1938 den Steuereinheitswert für das Wohnhaus, die Fabrik und die Werkswohnungen mit 89.000 RM einschätzte und den Wert der Immobilien mit den Betriebseinrichtungen wie Zentralheizung, Kamin und Dampfmaschine sogar mit 100.000 RM angab. Im selben Schreiben des RP vom 1. 11. 1938 wurde der Kaufpreis für die Maschinen und das Inventar auf 16.350 RM herabgesetzt, während der Vertrag vom 5.9.1938 den Gebrauchswert der Maschinen und des Inventars gemäß dem Gutachten eines unabhängigen Oberingenieurs auf 30.000 schätzte. Der Pensionsfonds in Höhe von 10.000 RM des Betriebskapitals wurde von Albert Ruben zum 31 3.1939 gekündigt und blieb damit in seinem Besitz. Unter dem Eindruck der Reichspogromnacht forderte das Finanzamt am 10. 11. 1938 den Betriebsleiter der ehemaligen Firma Nathan Ruben auf, an Albert Ruben keine Beträge zu zahlen, bevor die Reichsfluchtsteuersicherheften geleistet sind." Diese betrugen 13.000 RM für Albert Ruben und 18.949 RM für den Prokuristen Adolf Wolff und mussten auf ein Sperrkonto der Kreissparkasse Lübbecke eingezahlt werden. Die einzige Kommanditistin der Firma Nathan Ruben, eine minderjährige Nichte von Albert Ruben, die mit einer Einlage in Höhe von 70.000 RM seit dem Tod ihres Vaters Dr. med. Louis Ruben (gest. 30.6.1924) am Betriebskapital beteiligt war, sollte den auf sie entfallenden Anteil am Kaufpreis erhalten. Der Kaufvertrag vom 5.9.1938 in seiner veränderten Fassung vom 23.9. und 10.11.1938 wurde vom RP am 11. 11. 1938 genehmigt. Die Kleiderfabrik ging nach dem Zwangsverkauf in die Firma Wilhelm Dierks KG über.

Die Art und Weise, wie der letzte jüdische Lehrer in Lübbecke, Max Lazarus, vom NS-Staat gezwungen wurde, nach der Pogromnacht sein Eigenheim an einen, dem System genehmen Arbeiter zu verkaufen und wie die Behörden die Genehmigung des Kaufvertrages und damit die Ausreise des alten Ehepaares auf schikanöse Weise verzögerten, soll nachfolgend am Zwangsverkauf von Grundstücken, die im Besitz jüdischer Bürger von Lübbecke waren, dargestellt werden. Der ganze Verdrängungsprozess verdeutlicht die geistlose Dynamik der totalitären Machtverhältnisse. Im Jahre 1918 hatte der jüdische Kantor und Lehrer der Synagogengemeinde Lübbecke zwei Grundstücke, 275 qm und 977 qm groß, und ein zweistöckiges Haus mit Garten erworben und Anfang März 1919 bezogen. Am Ende seiner Lebenserinnerungen gab Max Lazarus eine gute Beschreibung seines Hauses:

„Das Haus hat der ehemalige Besitzer 1904 erbauen lassen. Es ist ein zweistöckiger, massiver Bau mit einem Balkon an der belebten Bahnhofstraße und dem Ausblick nach Osten, liegt zwischen zwei neuzeitlichen Gebäuden, ohne dieselben zu berühren. Eine Steintreppe, von Steinwänden eingefasst, führt zur zweiflügeligen

Haustür mit Fenstereinsatz. Ein Ziergarten mit Eisengitter auf niedriger Mauer trennt das Wohnhaus von der Straße. Alle Außenwände sind verputzt. Nicht weniger als drei fünfteilige, ziemlich hohe Fenster im Erdgeschoß verleihen der Fassade einen wohnlichen Anblick. Erdgeschoß, Etage weisen je sechs Räume auf, sogar das Kellergeschoß. Der Boden (Speicher) ist geräumig, erhält Licht aus Osten und Westen. Im Erdgeschoß, in der Etage und im Keller führt je ein heller Flur zu den in Frage kommenden Räumen. Im Kellergeschoß befinden sich außer den Lagerstätten für Gemüse, Obst und Kohlen die Waschküche, von welcher ein Ausgang nach dem Hofe hinführt. An dem Ausgang liegt ein Stall, über demselben ein Holz- bzw. Torfboden und ein Hühnergelass. Wenige Schritte vom Hofe zieht sich ein sehr großer Garten hin, den ein Weg in zwei Teile teilt. Er dient zum Gemüseanbau, zur Beerenanpflanzung, weist eine Reihe fruchttragender Obstbäume auf, sogar zwei Spargelbeete verraten seinen mannigfachen Nutzen. Eine schattige Laube im Garten ladet zum Ausruhen ein- Wie können wir dem Allmächtigen danken, dass es uns gelungen ist, ein solches Besitztum zu erwerben!"
(Lazarus, Max: Erinnerungen, S. 184)

Laut Kaufvertrag vom 13.12.1938 erwarb der Bahnarbeiter Heinrich Büttemeier das beschriebene Haus mit Garten zum Preis von 15.000 RM.39 Der Käufer übernahm eine Hypothek in Höhe von 8.000 RM und verpflichtete sich, 7,000 RM auf ein Sperrkonto der Kreissparkasse Lübbecke einzuzahlen, über das Herr Lazarus nur mit Genehmigung der Devisenstelle (Oberfinanzpräsident Westfalen) in Münster verfügen durfte. Im § 6 des Kaufvertrages wurde Max Lazarus, nun als Mieter, das Recht eingeräumt, zwei Räume im Erdgeschoss, zwei Räume im Obergeschoss und zwei Räume im Kellergeschoss gegen Zahlung einer Monatsmiete von 60 RM vom Tag der Auflassung bis zu seinem Fortzug zu nutzen. Im § 9 wurde Max Lazarus eine Frist bis zum 1.4.1939 gesetzt, innerhalb derer er sich aber die größte Mühe zu geben (habe] zur Erlangung der Einreiseerlaubnis nach Palästina. Wenn nötig, würde das Mietrecht um zwei Monate verlängert. Der Garten musste schon am 1.3.1939 übergeben werden.

Das örtliche Finanzamt forderte Max Lazarus am 16.12.1938 auf, eine „Judenvermögensabgabe" in Höhe von 3.600 RM zu zahlen. Die Genehmigung des Kaufvertrages vom 13.12.1938 hinge davon ab, ob Käufer B. diese Abgabe für Rechnung der Eheleute Lazarus an die Finanzkasse Lübbecke entrichtete.

Nachdem Max Lazarus 800 RM dieser erzwungenen Judenvermögensabgabe" offensichtlich aus liquiden Mitteln bezahlt hatte, nahm er für den restlichen Betrag in Höhe von 2.800 RM am 16.2.1939 eine Sicherungshypothek mit Zustimmung des Herrn Büttemeier für das Reich vertreten durch das Finanzamt in Lübbecke i.W." auf.

In einem zweiten Kaufvertrag vom 16.2.1939 verpflichtete sich der Käufer, den restlichen Betrag der Judenabgabe in Höhe von 2.800 RM unter Anrechnung des Kaufpreises von 7.000 RM zu entrichten, so dass auf das Sperrkonto Lazarus bei der Kreissparkasse Lübbecke nur noch 4.200 RM zu zahlen waren.

Max Lazarus bat den Regierungspräsidenten in Minden nicht ohne Grund in drei Schreiben vom 16.2., 20.2. und 28.2.1939 dringend darum, den Kaufvertrag zu genehmigen. Denn ohne die Genehmigung der Bezirksregierung könne er keine Unbedenklichkeitsbescheinigung, keinen Pass, kein Visum und keine Schiffskarte erhalten. Das Palästina-Amt in Berlin, Passage-Abteilung, teilte Max Lazarus am 17.2.1939 mit, dass man es zur Kenntnis genommen habe, dass die Eheleute Lazarus ihre Schiffsreise am 8.3.1939 nicht antreten könnten. Die Reise per Schiff ab Triest sei auf den 15.3.1939 verlegt, die Abreise ab Lübbecke per Bahn beginne am 11.3.1939. Das Schiff, das Triest am 22.3.1939 verlasse, sei bereits völlig besetzt".

Wenn das Einwanderungszertifikat für Palästina, das er bereits am 9.2.1939 erhalten hätte, nicht bis zum 31.3.1939 genutzt würde, verfiele es unwiderruflich. Max Lazarus wies in seinem Schreiben an den RP auf das After seiner Frau (75 Jahre alt) und sein eigenes After hin (fast 70 Jahre) hin. Er könne weder die Reise, noch die Transportkosten, noch alle anderen Auswanderungskosten bezahlen, wenn der Kaufvertrag nicht genehmigt würde und die Verkaufssumme ihm nicht zur Verfügung stünde.

Da die Bezirksregierung bis Ende Februar nicht reagierte, reichte Max Lazarus am 1.3.1939 persönlich beim RP in Minden folgende Unterlagen ein: 1. Antrag auf beschleunigte Entscheidung", 2. Schreiben des Kreiswirtschaftsberaters, aus dem das Einverständnis mit dem Kaufpreis hervorging", 3. Nochmalige Abschrift des Kaufvertrages".

Zeitgleich am 1.3.1939 berichtete der Gauwirtschaftsberater aus Münster dem RP in Minden, dass er keine Bedenken gegen den Kaufvertrag habe. Am 3.3.1939 teilte der stellvertretende Landrat des Kreises Lübbecke, Hüter"3, dem RP mit, dass der Kaufpreis in Höhe von 15.000 RM für das ehemalige des Haus des Juden Lazarus" seines Erachtens angemessen" sei. Am 4.3.1939 erteilte auch der RP endlich seine Genehmigung zum Verkauf des Hauses des Lehrers i.R. Max Lazarus.

In seinen Lebenserinnerungen schrieb der jüdische Lehrer und Kantor:

„Nach dem verhängnisvollen 10. November 1938 traf ich sofort Vorkehrungen, mit meiner Familie nach Erez Israel auszuwandern. Am Mittwoch, 14. März 1939, fuhren meine liebe Frau und ich auf der "Palestina" von Triest ab, unsere Kinder waren uns vorausgeeilt. Auf der Mittelmeerfahrt hielt ich am Freitagabend unter Teilnahme vieler Mitreisenden den Schabbathgottesdienst ab".
(Lazarus, Erinnerungen S. 146)

Als einziges Ladengeschäft im Kreis Lübbecke, dessen Inhaber Juden waren, existierte in Lübbecke vor dem Pogrom nur noch das Manufakturwarengeschäft M.B. Weinberg. Der Umsatz dieses Geschäfts war vermutlich schon im Frühjahr 1938 sehr gering, denn die letzte nichtjüdische Verkäuferin musste im März 1938 entlassen werden, weil aufgrund der antisemitischen Boykottpolitik der NS-Gliederungen es kein Kunde mehr wagte, bei Schönebergs einzukaufen

Nach dem Pogrom durften die Inhaber der Firma ihr Geschäft nicht mehr betreten, damit nichts entwendet wurde. Der kommissarische Landrat Hüter verfügte am 12.12.1938, dass der Bücherrevisor W. zum Abwickler des Geschäfts bestellt wurde. Dieser setzte den Wert des Warenlagers auf 11.535 RM fest, obwohl sein buchmäßiger Einkaufswert 14.942 RM betragen hatte. Dann verkaufte er es ohne Wissen und Willen der Firmeninhaber an das Textilhaus Kolck zum Preis von 6.853 RM, d.h. also ca. 54% unter dem Einkaufswert, und kassierte selbst Gebühren in Höhe von 444 RM. Der Restbetrag wurde am 20.3.1939 auf ein Sicherungskonto der Kreissparkasse Lübbecke überwiesen und später vom NS-Staat eingezogen

Die Inhaber erhoben beim Landrat am 24.1.1939 Einspruch gegen das Verfahren dieses Zwangsverkaufs. Sie kannten Interessenten, die das gesamte Warenlager zum Einkaufspreis erwerben wollten.

„Auf Anfrage erfuhr ich erst heute durch den von Ihnen eingesetzten Treuhänder, Herrn W., dass mein Warenlager durch denselben ca. 50% unter dem Einkaufswert veräußert ist. ich erhebe Einspruch und bitte, Ihre Genehmigung zu diesem Preis nicht zu geben".

Doch dieser Einspruch hatte auf die Entscheidung der Behörden keinen Einfluss. Die ministeriell angeordnete Ausplünderungspolitik wurde von den nachgeordneten

Staats- und Bewegungsstellen mechanisch ausgeführt. In einer mutigen Beschwerde vom 2.2.1939, die sie diesmal an die Adresse des verantwortlichen Ministeriums schickten, machten Schönebergs deutlich, dass sie nicht in der Lage waren, die Judenvermögensabgabe und die sonstigen Steuern zu zahlen, da der Veranlagung dieser Abgaben die bilanzmäßig wirklichen Werte zugrunde gelegt wurden.

Schon zuvor, am 27.12.1938, wurde zwischen Kaufmann Alfred Weinberg, dem Bruder der Inhaberin als Vertreter ihrer minderjährigen Tochter, und Fräulein Amalie Reinköster vor dem Notar M. ein erzwungener Vertrag über den Verkauf des Hausgrundstücks Langestraße 42 verhandelt. Der Kaufpreis wurde auf Druck des RP, der sich auf die Verordnung vom 3.12.1938 über den Einsatz des jüdischen Vermögens berief, von 18.480 RM auf 16.500 RM gesenkt. Der Kaufpreis wurde unter Anrechnung einer auf dem Grundstück lastenden Hypothek (Judenabgabe) auf ein Sperrkonto der Kreissparkasse Lübbecke überwiesen, über das die Verkäuferin nur mit Genehmigung der Devisenstelle des Oberfinanzministeriums in Münster verfügen konnte. Der Verkäuferin wurde eine Räumungsfrist bis 15.2.1939 gesetzt. Bei vorhergehender Liquidation" der Firma M.B. Weinberg sollte sich diese Frist sogar verkürzen. Die zweite Hälfte des Doppelhauses, Langestraße, musste im April 1939 auf ähnliche Weise an einen anderen Käufer zwangsverkauft werden.

V. Beckmann, Die jüdische Bevölkerung in den Landkreisen..,S.478 ff.)

Übersicht: Lübbecker Juden mit Vermögen im Sommer 1938

In Lübbecke wohnten im Sommer 1938 noch folgende Juden mit Vermögen:[155]
1. Hermann Hecht, Kleiderfabrik, Osnabrücker Straße 4
2. Hedwig Hecht, ohne Beruf, Osnabrücker Straße 4
3. Albert Ruben, Fabrikant, Ostertorstraße 6
4. Dr. Hilde Ruben, Ehefrau, Ostertorstraße 6
5. Adolf Wolff, Prokurist, Bahnhofstraße 26
6. Anna Wolff, Ehefrau, Bahnhofstraße 26
7. Lazarus Moies gen. Moritz, Rentenempfänger, Ostertorstraße 4
8. Alfred Löwenstein, ohne Beruf, Ostertorstraße 4
9. Paul Schöneberg, Kaufmann, Langestraße 40-42
10. Meta Schöneberg, Kauffrau, Langestraße 40-42
11. Max Schöneberg, ohne Beruf, Langestraße 40
12. Lore Weinberg, minderjährig, Langestraße 40-42
13. Max Lazarus, Lehrer i.R., Bahnhofstraße 16
14. Julie Lazarus, Ehefrau, Bahnhofstraße 16
15. Else Steinberg, ohne Beruf, Langestraße 5
16. Rosalie Mannsbach, Rentnerin, Langestraße 40-42.

Aktenmaterial über folgende Kaufverträge aus dem Raum Lübbecke liegt vor:
1. Kaufvertrag 5. September 1938 Ruben (Lübbecke) an Dierks.[156]
2. Schlachterei Ehrlich (Preußisch Oldendorf) an Nordsiek im August 1938.[157]
3. Stein (Preußisch Oldendorf) an Driemeyer im August 1938.[158]
4. Witwe Cahen (Preußisch Oldendorf) an Oldendorfer Spar- und Darlehnskasse im August 1938.[159]
5. Koblenzer (Wehdem) an Uthbrock am 3. Dezember 1938. (Es gab erhebliche Schwierigkeiten bei der Festsetzung des Kaufpreises, da Koblenzer angeblich überhöhte Forderungen stellte.)[160]
6. Ginsberg (Rahden) an Rehling im Juni 1938.[161]

Zur Frage der „Arisierung" der jüdischen Geschäfte ist zusammenfassend zu sagen, daß die jüdischen Geschäftsinhaber im Kreis Minden und Lübbecke zum überwiegenden Teil erst nach den Zwangsmaßnahmen ihren Privatbesitz veräußerten und die Geschäfte abwickelten.

Die hier beigefügten Auszüge der durchgeführten Genehmigungsverfahren von Kaufverträgen im Raum Minden, Petershagen und Lübbecke gemäß Verordnung vom 3. Dezember 1938, die durch den Regierungspräsidenten von Minden am 26. Februar 1941 erstellt wurden, geben noch einmal einen umfassenden Überblick über die jüdischen Bewohner und ihre Vermögensverhältnisse. Es geht daraus auch hervor, wo sie sich zu diesem Zeitpunkt aufhielten.[162]

Quelle: Hampel, C. und Rüter, K,K., Schicksale 1933 –1945, S. 61

Zur sog. „Arisierungsliste", S. 70: Korrekterweise muss mitgeteilt werden, dass Anton Kolck noch vor 1933 das Textilgeschäft von Alfred Löwenstein gekauft hat, nachdem der einzige mögliche Erbe Max im Weltkrieg als Soldat gestorben war (s.o. S.34)

Auszug aus der Nachweisung der durchgeführten Genehmigungsverfahren, aufgestellt am 26.2.1941 (= NS-Sprachgebrauch für „Arisierung")

Auszug aus der Nachweisung der durchgeführten Genehmigungsverfahren gem. Verordnung vom 3. Dezember 1938 – R.G.Bl. I S. 1709 –

Aufgestellt:
Minden, den 26. Februar 1941

Der Regierungspräsident
In Vertretung:
gez.: Dr. Zorn

Bezeichnung des Grundstücks Ort Straße, Nr.	Größe: nach Grundbuch ha a qm a: Band b: Blatt	Früherer (jüd.) Eigentümer a: Vor- b: Zu-) name c: Wohnort d: Straße, Nr.	Jetziger (arischer) Eigentümer a: Vor-) b: Zu-) name c: Beruf d: Wohnort e: Straße, Nr.	Bezeichnung des Grundstücks Ort Straße, Nr.	Größe: nach Grundbuch ha a qm a: Band b: Blatt	Früherer (jüd.) Eigentümer a: Vor-) b: Zu-) name c: Wohnort d: Straße, Nr.	Jetziger (arischer) Eigentümer a: Vor-) b: Zu-) name c: Beruf d: Wohnort e: Straße, Nr.
Landkreis Lübbecke:							
Lübbecke Langestr. 34/36	−09 17 a: 36 b: 366	a: Alfred b: Löwenstein c: Wuppertal-Elberfeld d: Freyastr. 79	a: Anton b: Kolck c: Kaufmann d: Lübbecke e: Langestr. 34/36	Lübbecke Bäckerstr.	−04 34 a: 36 b: 369	a: Synagogengemeinde Lübbecke	Stadt Lübbecke
„ 40	−02 98 a: 48 b: 914	a: Lore b: Weinberg c: Lübbecke d: Langestr. 40/42	a: Georg b: Wind c: Mechanikermstr d: Lübbecke e: Gerichtstr. 1	„ Mindenerstr.	−15 60 a: 32 b: 185	a: Hermann b: Hecht c: Lübbecke d: Osnabrückerstr. 4	a: Walter b: Epe c: Angestellter d: Kr. Wittlage
„ 42	−02 54 a: 58 b: 1412	wie vor	a: Amalie b: Reinköster c: Kauffrau d: Lübbecke e: Langestr. 42	„ Ostertorstr.	−19 73 a: 31 b: 122	a: Albert b: Ruben c: Lübbecke d: Ostertorstr. 6	a: Karl b: Bunke c: Rechtsanwalt d: Lübbecke
„ Niederstr. 6	−04 23 a: 48 b: 914	wie vor	a: Georg b: Wind c: Mechanikermstr. d: Lübbecke e: Gerichtstr. 1	„ Friedhof	−17 02 a: 36 b: 369	a: Synagogengemeinde Lübbecke	Stadt Lübbecke Bäckerstr. 3
„ Langestr. 5	−03 09 a: 36 b: 367	a: Else b: Steinberg c: Lübbecke d: Langestr. 5	a: Adalbert b: Finke c: Kaufmann d: Lübbecke e: Langestr. 5	Pr. Oldendorf Wiesen am Walde gelegen	−27 72 Pr. Oldendorf −32 70 Bd. 10 Bd. 20	a: Hilde Sara b: Bachmann geb. Cahen c: Wiesbaden d: Martinstalerstr. 4 Erbin der unter 13-14 genannten inzwischen verstorbenen Ww. Cahen	a: Ernst b: Deeke c: Landwirt d: Pr. Oldendorf Nr. 69
„ Bahnhofstr. 16	−05 00 −09 77	a: Max b: Lazarus c: Lübbecke d: Langestr. 16	a: Heinrich b: Büttemeier c: Bahnarbeiter d: Lübbecke e: Bahnhofstr. 16	Pr. 97	— — — a: 10 b: 42	a: Louis b: Stein c: Pr. Oldendorf N. 97	a: Wilhelm b: Driemeyer c: Gastwirt d: Pr. Oldendorf e: Nr. 97
„ Ostertorstr. 2	−02 27 a: 47 −03 67 b: 892 −00 02	a: Albert b: Ruben c: Lübbecke d: Ostertorstr. 6	a: Stadt Lübbecke	„ —	— — — a: 13 b: 157	a: Synagogengemeinde b: Pr. Oldendorf	a: Johanne b: Nordsick c: Witwe des Tierarztes Dr. med. vet. Ernst Nordsick d: Pr. Oldendorf e: —
„ Ostertorstr. 4	−02 18 a: 47 b: 892	a: Albert b: Ruben c: Lübbecke d: Ostertorstr. 6	a: Stadt Lübbecke	Niedermehnen 80	−49 14 −22 33 − 625 10905 −94 47 −46 77 −49 07 − 787 −38 15 −10 08 − 191	a: Carl u. Ernst b: Löwenstein c: Münster, später Amsterdam d: Scheldestr. Nr. 180 bez. Wielingenstr. Nr. 4	a: Ludwig b: Drees c: Landwirt und Maurer d: Niedermehnen Nr. 80

(Quelle: Hampel, Rüter, S. 71 ff.)

Die Reichspogromnacht vom 9.11.1938

V. Beckmann, Wie der Pogrom in Lübbecke verlief

Welche Schäden wurden von welchen Gliederungen des NS-Systems in Lübbecke verursacht?
Als offizielle Lesart des Pogroms in der Kreisstadt Lübbecke kann der Tatsachenbericht des Polizeihauptwachtmeisters Fregin vom 23.11.1938 zitiert werden, in dem die verantwortlichen Täter erwartungsgemäß nicht erwähnt wurden:

In der Nacht vom 9. zum 10. November 1938 gegen 3.45 Uhr wurde mir von dem Nachtschutzbeamten Theodor Jacobsen mitgeteilt, dass die Synagoge brenne und das jüdische Geschäfte demoliert worden seien. Täter will er jedoch nicht gesehen haben. Ich begab mich sofort zur Brandstätte. Die Synagoge stand in hellen Flammen und es war mit einem Übergreifen des Feuers auf die Nachbargrundstücke zu rechnen. Die Feuerwehr wurde sofort alarmiert und war bald zur Stelle und nahm die Löscharbeiten auf. Der Kreisfeuerwehrführer Schürmeyer aus Bünde wurde ebenfalls von dem Brande verständigt, der an der Brandstelle erschien. Die Synagoge brannte bis auf die Grundmauern nieder.

Es liegt Brandstiftung vor. Die Täter sind unbekannt. In der gleichen Nacht sind die Fensterscheiben von vier jüdischen Wohnungen zertrümmert und zum größten Teil die Wohnungseinrichtungen zerstört worden. Die Täter sind nicht bekannt.
Aus den Berichten von Augenzeugen lassen sich einige Rückschlüsse auf das Verhalten der beteiligten NS - Gliederungen und der gaffenden Zuschauer während des Pogroms in Lübbecke ziehen.

Herr Alsmöller, Angestellter der im August zwangsverkauften Firma A. Hecht ging am 10. 11. 1938 zwischen sieben und acht Uhr morgens zur Arbeit, als er Flammen aus der Synagoge schlagen sah. Mehr als hundert Leute schauten sich im Halbrund stehend den Brand von der Langestraße aus an. Von einer löschenden Feuerwehr war nichts zu sehen. Ein Arbeiter, der in der Packerei der neuen Firma Lübbecker Kleiderfabrik, Kaufmann & Co KG" beschäftigt war, von dem jeder Beschäftigte wusste, dass er Mitglied der SS war, habe gesagt Kerl, ich freue mich richtig. Wir wollen in den nächsten Tagen nach Rahden, auch die Synagoge anstecken." Außerdem konnte Herr Alsmöller bestätigen, dass die Wohnungsfenster des Hauses des früheren Firmeninhabers Hermann Hecht an der Osnabrücker Straße zerstört worden waren.

Zu den Aufgaben des Botenjungen Ewald Meier gehörte es, jeden Morgen zur Wohnung von Hermann Hecht in die Osnabrücker Straße 4 zu gehen, um diejenigen Poststücke, die noch mit A. Hecht adressiert waren, auszusortieren. Als der Junge um zwanzig vor sieben am 10. 11. 1938 vor der Villa der Familie Ruben an der Ostertorstraße 6 ankam, war dort eine gaffende Menschenmenge versammelt, die zusah, wie Gehlenbecker SA zerstörerisch tätig war. Auf dem Weg zu Hermann Hecht kam der Botenjunge an der brennenden Synagoge vorbei, wo ca. 60 - 70 gaffende Zuschauer versammelt waren. Auch an Feuerwehr und SA-Leute konnte sich der Zeitzeuge erinnern. Auf dem Weg durch die Lange Straße kam der Botenjunge am Textilgeschäft M.B. Weinberg vorbei. Dort waren keine

Fenster unzerstört geblieben. Die Scheibengardinen flatterten heraus, die Haustür war eingeschlagen worden. Etwa 30 Leute gafften und hetzten den Hund von Weinbergs auf. Bei Hermann Hecht Osnabrücker Straße 4, war auch kein Fenster mehr heile. Hedwig Hecht öffnete die Tür. Sie hatte einen Morgenmantel an und weinte. Sie soll sinngemäß gesagt haben: Ewald, was machen die mit uns?" Der Handlauf des Treppengeländers war weggerissen worden. Frau Hecht ging ins Büro ihres Mannes, holte den Schlüssel der Firma und gab ihn dem Jungen.

Herr Lücker erinnerte sich daran, dass SS-Leute, die seiner Meinung nach nicht aus Lübbecke kamen, Bilder aus den eingeschlagenen Fenstern der Villa Ruben auf die Straße warfen. Bei der Zerstörung des Mobiliars der Wohnungen Ruben und Hecht waren auch SA-Leute aus Gehlenbeck beteiligt. Die Familie Ruben war vor dem Pogrom aus ihrer Wohnung geflüchtet Albert Ruben war während der Pogromnacht verhaftet worden und zunächst im Stadtgefängnis festgehalten worden. Später wurde er von Bielefeld ins KZ Buchenwald verschleppt Wie lange er dort gefangengehalten wurde, ist noch unbekannt Seine Frau, Dr. Hilde Ruben, war es vermutlich, die ihre Kinder Thomas (1931) und Marianne (1932) zu ihren Großeltern Max und Margarete Rosenberg nach Bielefeld in Sicherheit brachte. Die Synagoge soll von Detmolder SS-Leuten in Brand gesetzt worden sein. Herr Lücker bestätigte, dass die Feuerwehr lediglich die Nachbarhäuser schützte.

Frau Kleffmann, die damals als Näherin bei der Firma Nathan Ruben beschäftigt war, erinnerte sich daran, dass Dr. Hilde Ruben nach der Pogromnacht weinend in den Nähsaal kam und darum bat, zwei Lodenmäntelchen für ihre Kinder Marianne und Thomas nähen zu lassen, was dann auch geschah. Der Vater der Zeitzeugin war verfolgtes KPD-Mitglied.

Herr Telkemeyer erlebte den 10.11.1938 als Schüler der Volksschule an der Bohlenstraße. Während der großen Pause oder nach der Schule lief er mit seinen Klassenkameraden zuerst zur Villa Ruben. Dort waren die Fenster der Hauptfassade herausgerissen worden. Auch das Mobiliar, die Regale und der Wintergarten waren zerstört worden. Westlich der Villa brannte ein Feuer. Der Schüler hörte eine Frau sagen: Haben sie tatsächlich das Spielzeug der Kinder noch angesteckt." An der Näherei stand Polizei, die verhinderte, dass Leute weitere Fenster einwarfen. Die Synagoge brannte und schwelte noch. Verbrannte Bücher, angesengte Bücher und Papier lagen verstreut im Vorgarten. Die Feuerwehr habe nur die Seitenhäuser geschütz. Die Treppe des Wohnhauses der Familie Weinberg war abgesägt worden. Ein älterer Herr, vermutlich Paul Schöneberg, habe Pappe vor seine offenbar beschädigte altdeutsche Tür genagelt. Diese Pappe sei jedoch immer wieder von „Rowdies" eingetreten worden.

Frau Schlingmann erinnerte sich daran, wie Paul Schöneberg - flankiert von zwei Polizisten - zwischen 9.30 und 10.00 Uhr am 10. 11. 1938 die Scharrnstraße hochgehen musste und zum alten Rathaus gebracht wurde, wo der Bürgermeister Dr. Becker sein Büro hatte. Diese Beobachtung passt zur Erinnerung, dass die jüdischen Gemeindemitglieder nach der Reichspogromnacht im Rathaus regelrecht vorgeführt wurden. In das Wohnzimmer des letzten jüdischen Lehrers, Max Lazarus, sei während der Pogromnacht ein Radio oben in den Kronleuchter des Wohnzimmers geworfen worden. Der Rahmen eines Bildes, das Moses darstellte, sei zerschlagen und auf einen Schutthaufen geworfen worden. Das Bild selbst aber sei verschont geblieben. Max Lazarus habe es aufgerollt und mit nach Israel genommen. Dr. Lothar Lazarus habe die schwelende Synagoge nach dem Pogrom von der Lange Straße aus angesehen. Tatsache war jedoch, dass Dr. Lothar Lazarus mit vielen anderen jüdischen Männern von Bielefeld ins KZ Buchenwald verschleppt wurde.

Max Rosenberg (*1870) soll nach dem Pogrom die Glasscherben der Villa Ruben zusammengelegt haben. Ein Lehrer habe seine Schulkinder ermutigt, das Schaufenster des Manufakturwarengeschäfts M.B. Weinberg einzuschlagen.

Nach Zassenhaus begann der Pogrom in Lübbecke gegen 2 Uhr nachts. 20 - 30 SA - und SS - Leute aus Lübbecke und Detmold sollen für die Zerstörungen in den Wohnungen der ehemaligen jüdischen Bürger verantwortlich gewesen sein. Bei der Brandlegung der Synagoge soll der Kreisleiter Meiring Beihilfe geleistet haben, indem er Benzin zur Verfügung stellte.

In der Wohnung von Hermann Hecht wurden Fensterscheiben, Lampen und Mobiliar zerstört und eine Schreibmaschine entwendet. Der Schaden wurde amtlicherseits auf 500-1.000 RM eingeschätzt. Der Wohnungsschaden bei Bernhard Neustädter, ebenfalls Osnabrücker Straße 4, wurde genauso hoch eingeschätzt. Die Schäden an der Wohnung von Albert Ruben, Ostertorstraße 6, wurden auf 7.000-10.000 RM beziffert. Der kommissarische Landrat des Kreises Lübbecke, Hüter, meldete der Stapoleitstelle Bielefeld die totale Zerstörung der gesamten Wohnurigseinrichtung." Der Wohnungsschaden bei Paul Schöneberg (Manufakturwarenhandlung M.B. Weinberg), Lange Straße 40-42, wurde auf 2.000 RM geschätzt. Bei Max Lazarus, Bahnhofstraße 16, wurden Fenster, Lampen und Gardinen beschädigt Der Schaden wurde mit 150-200 RM angegeben.

Der Gebäude - und Einrichtungsschaden der Synagoge wurde auf 20.000-21.000 RM geschätzt. Die Synagoge in Lübbecke soll bei der Aachener und Münchner Feuerversicherungsgesellschaft mit angeblich 25.000 RM versichert gewesen sein. Der gesamte, allein in Lübbecke angerichtete, materielle Schaden wurde also auf minimal 29.150 RM und maximal 35.200 RM geschätzt.

Auch der seelische Schaden der durch den Schock der Gewalteinwirkung traumatisierten jüdischen Menschen war immens groß. Der Terror der SA - und SS - Leute, die feindliche und zerstörerische Haltung der Nationalsozialisten und der indoktrinierten Jugendlichen (HJ) und die zumeist indifferente Haltung des gaffenden Publikums zerstörten das Vertrauen zu der Mehrheit der menschlichen Umgebung, verursachten aber auch Lähmung und Krankheit. Wer konnte, begann seine Flucht ins Ausland so schnell wie möglich zu organisieren. Doch die Voraussetzungen zur Realisierung solcher Fluchtvorbereitungen waren nicht in jeder Stadt in jeder Familie gegeben. Manche Menschen waren alt und sahen für sich keine Zukunft mehr im Ausland. Andere hatten keine Verwandten im Ausland oder keine Devisen. Dr. Lore Shelley beschrieb die Reaktion ihrer Eltern, Meta und Paul Schöneberg, und die ihrer Verwandten auf die Reichspogromnacht wie folgt:

„Wir hatten kaum Devisen, noch Schwarzgeld, noch Beziehungen und lebten in einer Stadt, die keine jüdische Hilfsorganisation besaß Aus diesem Grunde hatte meine Mutter Schwierigkeiten, mich ins Ausland zu schicken. In den Großstädten gab es mehr Möglichkeiten zur Auswanderung (selbst Shanghai, usw.) Nach dem Novemberpogrom von 1938 war meine Mutter monatelang krank und lag im Jüdischen Krankenhaus in Hannover. Um diese Zeit hätte man aktiv, aggressiv und intensiv die Emigration betreiben sollen. Aber mein Stiefvater war nicht fähig dazu. Wir lebten in dem beim Pogrom teilweise zerstörten Haus in Lübbecke, waren in Schock und besuchten regelmäßig per Eisenbahn meine Mutter, was sehr viel Zeit in Anspruch nahm. Verwandte aus Holland kamen per Auto sofort nach der Novemberaktion von 1938, um mich nach Den Haag zu bringen -aber ich war um diese Zeit in Herrlingen. Sie nahmen meine Cousine Resi aus dem Münsterland zu sich und sandten sie später nach England."

Auf die terroristischen Methoden, denen sich die männlichen Juden während der Verbringung per Eisenbahn von Bielefeld nach dem Konzentrationslager Buchenwald und in diesem Konzentrationslager selbst durch das Herrschaftssystem der SS und die dortigen objektiven Bedingungen ausgesetzt sahen, wird weiter unten ausführlicher eingegangen. An dieser Stelle soll darauf hingewiesen werden, dass aus Lübbecke der frühere Kleiderfabrikant Albert Ruben, der Jurist Dr. Lothar Lazarus und vermutlich auch di frühere Gesellschafter der Kleiderfabrik A. Hecht, Bernhard Neustädter, zu denjenigen sogenannten „Aktionsjuden" gehörten, die nach Buchenwald verschleppt wurden.

Die jüdische Kultusgemeinde Lübbecke, vertreten durch Hermann Hecht, wurde laut Vertrag vom 22.4.1939 gezwungen, ihr Synagogengrundstück zum Preis der Abbruchkosten an die Stadt Lübbecke zu verkaufen. Hier zeigte sich wieder die mechanisch nach unten umgesetzte antisemitische Erniedrigungspolitik, deren geistige Urheber sich am 12.11.1938 im Reichsluftfahrtsministerium getroffen hatten. Nicht genug, dass die NS - Gliederungen die Synagoge zerstört hatten, das Grundstück wurde nun praktisch zwangsenteignet. Darüber hinaus beschlagnahmte der NS - Staat die Versicherungssummen für die von ihm zerstörte Synagoge und für die Wohnungen der Juden. Welchen Bedürfnissen das Synagogengrundstück zukünftig für die nichtjüdische Bevölkerung Rechnung tragen sollte, ging aus dem Gemeindeprotokoll vom 25.4.1939 hervor:

„Der Vorsitzende gab davon Mitteilung. dass der Stadt nunmehr das Grundstück für die von der Stadt verausgabten Abbruchkosten zum Kauf angeboten ist. Die Ratsherren heißen den abgeschlossenen Kaufvertrag vom 22. April 1939 gut.
Nach Anhörung der Ratsherren beschließe ich den Ankauf des Grundstücks Flur 8 Parzelle Nr. 11901/157 der Gemarkung Lübbecke in Größe von 434 qm zum Preise von 511 RM unter den weiteren Bedingungen des Kaufvertrages vom 22. April 1939. Der Platz soll als Grünanlage ausgestattet und mit einem Fahrradstande und einer Bedürfnisanstalt, evtl. auch mit einer Fernsprechzelle besetzt werden."
V. Beckmann, Die jüdische Bevölkerung in den Landkreisen ... S. 493 ff.)

Staatliche Übersicht über die Zerstörungen vom 9.11.1938

c) Kreis Lübbecke

Der Landrat von Lübbecke[48] meldete die totale Zerstörung der Synagogen in Lübbecke und Rahden mit einem Gesamtschaden von 36.000 RM. Weiterhin wurden zerstört oder verbrannt:

1. Manufakturwarengeschäft Weinberg, Inhaberin Meta Schöneberg, Langestraße 40-42.
2. Viehhandlung Simon Sauer, Wehdem Nr. 84; Wohn- und Wirtschaftsgebäude total abgebrannt, Schaden 13.000 RM. Sauer befand sich bereits in Berlin.

Privatwohnungen:

1. Max Lazarus, Lübbecke, Bahnhofstraße 16; Schaden 200 RM.
2. Hermann Hecht, Lübbecke, Osnabrückerstraße 4; Schaden 1.000 RM.
3. Bernhard Neustädter, Lübbecke, Osnabrückerstraße 4; Schaden 1.000 RM.
4. Paul Schöneberg, Lübbecke, Langestraße 40-42; Schaden 2.000 RM.
5. Albert Ruben, Lübbecke, Ostertorstraße 6; Totale Zerstörung der gesamten Wohnungseinrichtung, 10.000 RM Schaden.
6. Philipp Coblenzer, Wehdem Nr. 184; Schaden 1.200 RM.
7. Sophie Frank, Kleinendorf Nr. 58; Schaden: Fenster und Türen zertrümmert.
8. Bernhard Frank, Rahden Nr. 68; Fenster und Türen.
9. Julius Ginsberg, Rahden Nr. 19; Fenster und Türen.
10. Martha Goldstein, Rahden Nr. 99; Fenster und Türen.
11. Hanna Horwitz, Rahden Nr. 409; Fenster und Türen.
12. Dagobert Haas, Rahden Nr. 393; Fenster und Türen.

Die Schäden zu 7. bis 12. betrugen insgesamt 1.100 RM.

Die Kleiderfabrik Nathan Ruben war schon am 10. November 1938 verkauft worden. Die Firma hatte gegen den Willen der NSDAP SA-Kleidung hergestellt.[49] Sonstige jüdische Betriebe bestanden zu diesem Zeitpunkt in Lübbecke nicht mehr – die beschädigten Gebäude waren insgesamt mit 81.750 RM versichert. Aus dem Stimmungsbericht (zu Punkt 14 des Fragebogens) von Lübbecke[50] geht hervor, daß die Bevölkerung mit der Art der Durchführung der „Sühnemaßnahmen" zum größten Teil nicht einverstanden war, teilweise die Maßnahmen gegen die Juden überhaupt verurteilte und „die betroffenen Juden auch bemitleidete". Mit der Vernichtung der Werte war man auch hier nicht einverstanden. Auch wurde von den Bürgern darauf hingewiesen, „daß sonst Brandstiftung besonders hart bestraft wird und Brandstifter festgenommen werden, in diesem Falle aber nichts unternommen wurde."

Dabei sollte berücksichtigt werden, daß bei der Wahl vom 5. März 1933 die Bevölkerung Lübbeckes die NSDAP mit mehr als 70% gewählt hatte.

(Hampel, Rüter, S. 51)

Weitere Augenzeugen berichten

"man verzweifelte an der Menschheit"

Aus Zuschriften von Augenzeugen der Lübbecker "Kristallnacht"

(Abschrift)

..In Lübbecke standen im III. Reich an vielen Stellen handgeschnitzte schwarze Raben aus Holz mit einem Schild: "In diesem Ort sind keine Juden erwünscht."..
Fam. Weinberg hatte in der Langen Straße (heute Reinköster) ein Textilgeschäft. Kunden wurden in der letzten Zeit von SA-Leuten fotografiert. Bilder wurden teilweise in der Zeitung veröffentlicht.
In der "Reichskristallnacht" wurde die Holztreppe zum Obergeschoß, wo die Schlafzimmer waren, abgesägt. Die Familie konnte so morgens nicht hinunter. Einweckgläser wurden auf die Straße geworfen...
Die SS Bielefeld soll zu Aktionen nach Lübbecke, die Lübbecker SS nach Bielefeld gegangen sein. So konnten die einheimischen SS-Leute nicht erkannt werden...

(Abschrift)

Sehr geehrter Herr Behring!

Wie ich in der Zeitung las, wollen die Jugendverbände eine Dokumentation vorbereiten. Da ich immer ein Gegner der damaligen Zeit war, und die Auswirkungen der Kristallnacht am nächsten Morgen um 5 Uhr (ich mußte zur Arbeit) bei den Familien (Ruben und Hecht) Ostertorstr. gesehen habe, verzweifelte man an der Menschheit. Einweckgläser mit Inhalt waren zerschlagen und lagen auf der Straße. Kinder die erschreckt aus den Betten geflohen waren weinten und hielten sich am Rock der Eltern fest. In der Stadt brannte die Synagoge. Das alles wurde von Deutschen Menschen gemacht. Man will bloß nichts von allem mehr etwas wissen. Ich lege Ihnen eine Zeitung bei...

"Wenn die Synagogen brennen..." - Aufsatzthema 13jähriger Schüler

(Abschrift)

Blasheim, den 17.11.1938

Wenn die Synagogen brennen.........

Vor einigen Tagen brannten die Synagogen an allen Orten Deutschlands. In den von Juden bewohnten Häusern sind alle Fensterscheiben zertrümmert. Die Veranlassung dazu war, daß ein 17jähriger Judenbengel einem deutschen Diplomaten mit mehreren Revolverschüssen schwere Verletzungen beigebracht hatte. Und darum hat sich das deutsche Volk, als es von der Ermordung des Diplomaten Ernst vom Rath hörte, gerächt. Den Sachschaden, der hierbei entstanden ist, müssen die Juden selbst tragen. Sie bekommen von keiner Versicherung Geld. Es ist weiter ein Gesetz herausgekommen, in dem es heißt: "Alle Waffen, die sich in jüdischem Besitz befinden, müssen an die Ortspolizeibehörde abgeliefert sein. Wer diesen Maßnahmen nicht folgt, wird mit fünf Jahren Zuchthaus bestraft."
Fernerhin müssen sie eine Milliarde Reichsmark bezahlen, da die gesamten Juden in Deutschland besitzen noch ein Vermögen von 8 Milliarden Reichsmark. Und darum können sie diese Summe wohl bezahlen. Alle Fabriken und Warenhäuser, auch Wohnhäuser werden in arischen Besitz übergeben. Und so haben endlich die Juden mal ihre verdiente Strafe bekommen.
Und dann gibt es aber auch noch Leute, die sprechen immer noch vom ausgewählten Volke Gottes, diese Judenfreunde sind nichts anderes als Gegner des 3. Reiches. Für uns gilt heute die Parole: "Die Juden sind unser Unglück."

Inhalt: insg. gut..   Schrift: 1+1....

(J. Behring, Dokumentation ... S. 12)

Die Verschleppung und Ermordung ehemaliger jüdischer Mitbürger

Zur Verschleppung und Ermordung ehemaliger jüdischer Mitbürger der Stadt Lübbecke

BLOCH, EVA, geb. Kleinschmidt, geb. 1.6.1886 in Soest; am 2.3.1943 mit 4."Transport" von Hannover nach Auschwitz verschleppt; ermordet (=" verschollen")

BLOCH, HELMUT, geb. 11.12.1922 in Lübbecke; am 2.3.1943 mit 4. "Transport" von Hannover nach Auschwitz verschleppt; von dort verschleppt nach Dora Mittelbau; befreit von Allierten am 9.4.1945

GRÜNBERG, (GRÜNEBERG), REGINA, geb. Rosenberg, geb. 27.4.1859 in Lübbecke; von Aachen am 25.7.1942 nach Theresienstadt verschleppt; gest. 26.12.1942

HECHT, HEDWIG, geb. Cohn, geb. 22.3.1879 in Castrop; am 31.7.1942 mit "Transport XI/1" von Bielefeld nach Theresienstadt verschleppt; " verschollen Minsk "

HECHT, HERMANN, geb. 22.12.1869 in Lübbecke; am 31.7.1942 mit " Transport XI/1 " von Bielefeld nach Theresienstadt verschleppt; " verschollen Minsk "

HECHT, KLARA, geb. Meyerstein, geb. 2.7.1874 in Hannover; am 17.7.1942 von Düsseldorf nach Theresienstadt verschleppt; " für tot erklärt Minsk "

HECHT, MAX, geb. 8.10.1864 in Lübbecke; von Aachen am 25.7.1942 nach Theresienstadt verschleppt; gest. 23.9.1942

HEIMBACH, EMILIE, geb. 2.12.1906; Borghorst; " verschollen Riga "

HURWITZ, OTTILIE, geb. Schloss, geb. 9.2.1877 in Trier; im April 1943 von Westerbork nach Sobibor (Vernichtungslager) verschleppt ; " für tot erklärt "

HURWITZ, FEODOR, geb. 20.1.1874 in Lübbecke; im April 1943 von Westerbork nach Sobibor (Vernichtungslager) verschleppt ; " für tot erklärt "

HURWITZ, SOPHIE, geb. 23.9.1866 in Lübbecke; von Rheydt verschleppt nach Theresienstadt; gest. 12.11.1942

MANSBACH, ROSALIE, geb. 25.9.1860 in Lübbecke; von Boppard verschleppt nach Theresienstadt und dort " verschollen "

MERGENTHEIM, MARTHA, geb. 1.4.1890 in Lübbecke; am 15.6.1942 mit "Transport DA 22" von Koblenz-Lützel mit vielen anderen Patienten der jüdischen Heil-und Pflegeanstalt Bendorf nach dem Durchgangslager Izbica/ Distrikt Lublin verschleppt; "verschollen"

NEUSTÄDTER, GRETE, geb. Hecht, geb. 28.3.1905 in Lübbecke; von Bielefeld am 2.3.1943 nach Auschwitz verschleppt und dort ermordet

NEUSTÄDTER, BERNHARD, geb. 11.9.1896 in Herford; von Bielefeld am 2.3.1943 nach Auschwitz verschleppt und dort ermordet

OPPENHEIM, EDITH, geb. 3.11.1914; Petershagen; " für tot erklärt Auschwitz "

ROSE, ALBERT, geb. 13.12.1885 in Brakel; im Juli 1942 von Paderborn nach Theresienstadt verschleppt; im Oktober 1944 nach Auschwitz verschleppt und dort ermordet

ROSE, IRMA, geb. 22.6.1924 in Brakel; im Juli 1942 von Paderborn nach Theresienstadt verschleppt; im Oktober 1944 nach Auschwitz verschleppt und dort ermordet

ROSE, SOPHIE, geb. Weinberg, geb. 6.4.1892 in Lübbecke; im Juli 1942 von Paderborn nach Theresienstadt verschleppt; im Oktober 1944 nach Auschwitz verschleppt und dort ermordet

ROSENBERG, MARGARETE, geb. Windmüller, geb. 8.8.1878 in Bielefeld; von Bielefeld mit "Transport XI/1" am 31.7.1942 nach Theresienstadt verschleppt; am 5./6.2.1945 mit 1200 jüdischen KZ Häftlingen in die Schweiz gebracht

ROSENBERG, MAX, geb. 18.9.1870 in Lübbecke; von Bielefeld am 31.7.1942 mit "Transport XI/1" nach Theresienstadt verschleppt; am 5./6.2.1945 mit 1200 jüdischen KZ Häftlingen in die Schweiz gebracht

SCHÖNEBERG, MAX, geb. 20.4.1878 in Brackwede; von Laer/ LK Steinfurt nach Riga verschleppt und dort "verschollen"

SCHÖNEBERG, META, geb. Weinberg, geb. 7.11.1889 in Werther; am 15.1.1943 von Köln nach Auschwitz verschleppt und dort " verschollen "; ermordet am 9.2.1943

WEINBERG, LORE, geb. 19.2.1924 in Lübbecke; am 19.4.1943 vom Zwangsarbeiterlager Kersdorf bei Briesen/Mark Brandenburg mit dem " 37. Osttransport " nach Auschwitz verschleppt; im Januar 1945 Evakuierung und Todesmarsch; verschleppt ins Außenlager Malchow des KZ Ravensbrück; erneute Evakuierung; Befreiung durch Rote Armee im Mai 1945

Quellen: Gedenkbuch. Opfer der Verfolgung der Juden unter nationalsozialistischer Gewaltherrschaft in Deutschland 1933-1945. Bearb. v. Bundesarchiv Koblenz und dem Internationalen Suchdienst Arolsen. Bundesarchiv Koblenz 1986, 2 Bände
Schreiberinnen des Todes. Dokumentation von Lore Shelley (Hrsg.) Bielefeld 1992
Bierganz, M.; Kreutz, A., Juden in Aachen. Hg.v. der Gesellschaft für Christlich-Jüdische Zusammenarbeit in Aachen. Aachen 1988
Windmueller Family Chronicle. Hg. v. Inge Windmueller Horowitz u.a. Richmond 1981, 2. Aufl.
Zassenhaus, D., Aus der Geschichte der jüdischen Gemeinde Lübbecke. Vom Spätmittelalter bis ins frühe 19. Jahrhundert. Hg.v. der Stadt Lübbecke. Lübbecke 1988, S.97-108
Schreiben StdtA Aachen vom 19.6.1992
Schreiben StdtA Düsseldorf vom 24.6.1992
Mitteilung StdtA Hannover vom 30.11.1992
Schreiben HistA, NS-Dokumentationszentrum Köln, vom 2.12.1992
Schreiben LA Berlin vom 18.1.1993

Gedenkstein für fünf Lübbecker Holocaustopfer auf dem neuen jüdischen Friedhof (Foto: A. Räber)

V. Beckmann, Zur Überlebensgeschichte der Lore Weinberg und zur Geschichte ihrer Familie

16. Zur Überlebensgeschichte von Lore Weinberg während des NS-Regimes; zu den Vorfahren der Familie Weinberg

Dr. Lore Shelley erinnert sich an ihre Kindheit und Jugendzeit in ihrer Geburtsstadt Lübbecke, wo sie als letzte jüdische Schülerin die höhere Töchterschule besuchte. Während sie in der öffentlichen Schule als Jüdin ausgegrenzt wurde und in den Pausen immer allein für sich auf dem Schulhof stand, erlernte sie als letzte Schülerin bei dem letzten jüdischen Lehrer in Lübbecke, Herrn Max Lazarus, das hebräische Alphabet, um im Religionsunterricht heilige Texte schreiben und lesen zu können. Als Zehnjährige wurde Lore Weinberg von ihrer Mutter, deren verstorbener Mann im ersten Weltkrieg als Frontkämpfer schwer verletzt wurde, nach Herford zum "Bund Deutsch-Jüdischer Jugend" (BDJJ) geschickt, wo es seit Beginn des Jahres 1934 eine Ortsgruppe gab. Im Juni 1934 schloß der "Reichsbund jüdischer Frontsoldaten" (RjF) mit dem BDJJ ein Abkommen über Jugendarbeit und Sport. "[...]Durch Osmose absorbierte ich die damalige Atmosphaere. Nicht die Demokratie von Athen war daher mein Vorbild, sondern der Militarismus von Sparta. [...]"(Brief von Dr. Lore Shelley vom 17.1.1993)
Lore Weinbergs Vater war Mitglied des "Reichsbanner[s] Schwarz-Rot-Gold" gewesen, ihr Stiefvater Mitglied im "Centralverein der Juden in Deutschland" bzw. im "Jüdischen Central-Verein", ihre Mutter, Meta, Mitglied im "Jüdischen Kulturbund" und im "Israelitischen Frauenverein". Die allgemeine politische Einstellung der jüdischen Gemeindemitglieder in Lübbecke vor der Reichspogromnacht charakterisiert Dr. Shelley wie folgt: "[...] Soviel ich weiß, gab es leider ueberhaupt keine Zionisten in der Gemeinde. Man war super-deutsch und wollte von Herzls Ideen nichts wissen.--- Ein Beispiel hierfuer war ein Onkel meiner Mutter (kein Luebbecker), ein Veteran des austro-preussischen Krieges 1870/71, der selbst im hohen Alter beim Schuetzenfest und anderen Gelegenheiten stolz mit seiner Brust voller Orden und Ehrenzeichen in der Parade marschierte.--- Diese Einstellung und Vaterlandsliebe vieler deutscher Juden war ein standard joke der SS in den KZ, besonders des Krematoriumpersonals, das sich koestlich amuesierte, den ' Dank des Vaterlandes ' endlich allen in den Gaskammern zu verabreichen." (Brief von Dr. Lore Shelley vom 17.1.1993)
Lore Weinberg, die als junge Frau im größten Vernichtungslager der SS-Maschinerie zur Büroarbeit gezwungen wurde, verlor in Auschwitz ihre Mutter, Meta, ihre Tante, Sophie Rose, ihren Onkel Albert Rose und ihre Cousine Irma. Ihr Onkel Max Schöneberg wurde nach Riga verschleppt und gilt als "verschollen", und ihr Onkel Alfred Weinberg wurde wahrscheinlich in Treblinka mit seiner Frau und zwei Söhnen ermordet.
Die Geschichte der Ehefrau des Aron Heinemann Levi zeigt, daß einige ihrer Vorfahren im Jahre 1498 nach Frankfurt flohen, nachdem sie aus Nürnberg vertrieben worden waren; ein anderes Mitglied floh im Jahre 1648 vor den Pogromen der ukrainischen Kosaken, die sich gegen polnische und jüdische Zivilisten richteten, über Krakau nach Amsterdam.

(V. Beckmann, Dokumentation zur Geschichte ... S.178.)

Meta Weinberg
(1889 – 1943)

Meta Weinberg - Schöneberg wurde am 9.2.1943 in Auschwitz ermordet
Foto aus dem Jahr 1922
(Familienarchiv Gaby Shelley, New York)

Links:
Ernst Grunewald
(Enkel von
Alfred Löwenstein)
und rechts
Lore Weinberg
März 1927

Lore Weinberg im Frühjahr 1938

(Fotos: Familienarchiv Gaby Shelley)

G.-H. Nahrwold, Das Schicksal der Familie Weinberg

Den Schock bis heute noch nicht überwunden

Von Gerd-Heinrich Nahrwold

Lübbecke. „Spontane Protestkundgebungen fanden auch in Lübbecke vor der Synagoge und jüdischen Wohnhäusern statt. In den frühen Morgenstunden des Donnerstag brannte ein Gebäude nieder, von dem nur die vorderen Umfassungsmauern stehen blieben. Die alarmierte Feuerwehr mußte sich dem Schutz der angrenzenden Gebäude widmen. Verschiedentlich wurden Fenster der von Juden bewohnten Wohnungen zertrümmert."

So beschönigend und verschleiernd beschrieb die örtliche Presse am 11.11.1938, was in der sogenannten Reichskristallnacht in Lübbecke geschehen war. Der Klartext hätte anders lauten müssen:

Die Synagoge wurde von Brandstiftern angezündet, und die Feuerwehr sah mit vielen Neugierigen zu. Randalierer zogen anschließend durch die Lange Straße. Die Schaufenster jüdischer Geschäfte und Wohnhäuser wurden eingeworfen, die Besitzer und ihre Familien bedroht, auch geschlagen. Die Ausschreitungen bedeuteten das Ende der jüdischen Gemeinde in Lübbecke.

Der Familie Weinberg, die in der Langen Straße 40—42 wohnte und ein Konfektionsgeschäft betrieb, hatte man besonders übel mitgespielt. Dennoch hoffte sie auf bessere Zeiten in Deutschland. Lore Shelley, Tochter der damaligen Geschäftsinhaberin Meta Weinberg erklärt sich heute das Zögern ihrer Familie auf Flucht damit, daß ihr Vater Frontkämpfer im 1. Weltkrieg war, und solchen Juden räumten die Nazis zunächst noch gewisse Privilegien ein.

Die damals vierzehnjährige Lore erlebte die Ausschreitungen gegen ihre Familie selbst nicht mit. Wegen des Schulverbots für jüdische Schüler hatte sie schon im Frühjahr 1938 Lübbecke verlassen müssen.

Was sie und ihre Familie in der Hitlerzeit erdulden mußten, hat die heute in den USA lebende ehemalige Lübbeckerin aufgeschrieben und veröffentlicht: Lore Shelley (Hrsg.), „Schreiberinnen des Todes — Lebenserinnerungen jüdischer Frauen, die in der Verwaltung des Vernichtungslagers Auschwitz arbeiten mußten" (AJZ-Verlag Bielefeld 1992, 384 S., 49 Mark).

Ausgerechnet an Hitlers Geburtstag 1943 kam Lore Weinberg mit einem Transport in Auschwitz-Birkenau an. „Diejenigen, die den Selektionsprozeß an der Rampe überlebten, kamen alle in den gleichen Block. Bald schon erfuhr ich die Bedeutung der rauchenden Schornsteine..."

Sie arbeitete in der politischen Abteilung/Standesamt des Lagers Auschwitz bis zur Evakuierung im Januar 1945. Hier fand sie auch den Personalbogen ihrer Mutter, aus dem hervorging, daß sie am 9. Februar 1943, also nur wenige Wochen vor Lores Einlieferung, vergast worden war.

99 Vergangenheit nicht vergessen

Lore Shelley, deren Vorfahren seit dem 18. Jahrhundert in Lübbecke lebten, studierte nach dem Krieg Psychologie. Sie ist in verschiedenen Holocaust-Organisationen aktiv, „um sicherzustellen, daß die Geschehnisse der Vergangenheit nicht vergessen werden und um zu verhindern, daß sie sich wieder ereignen." Nur gelegentlich macht Frau Shelley in Lübbecke Station. Sie besucht dann die jüdischen Friedhöfe der Stadt und trifft sich mit wenigen Menschen, die sich in unmenschlicher Zeit menschlich zeigten, indem sie ihrer Familie mutig zu helfen versuchten.

Lange Straße 40—42 (Haus mit Doppelgebiebel) — ehemals Weinberg.
Fotos: Nahrwold

Grabstätte der Familie Weinberg auf dem Lübbecker Friedhof. Der kleine Stein mit Gedenkplatte trägt den Text: „Zum Andenken an Meta Schöneberg, geb. Weinberg, 1889—1943, die im Konzentrationslager Auschwitz vergast wurde." (Zur Erläuterung: Meta Weinberg war eine geborene Weinberg, seit 1932 verheiratet mit Paul Schöneberg.)

Dr. Lore Shelley, geb. Weinberg, Wie ich zwei Jahre Auschwitz überlebte (1943 – 45)

Ich wurde am 19. Februar 1924 in Lübbecke/Westfalen geboren. Der Ort, eine pittoreske Kreisstadt am Fuße des Wiehengebirges, feierte 1975 sein 1200-jähriges Bestehen. Wahrscheinlich gab es hier schon im Mittelalter eine jüdische Gemeinde. Eine steinerne Inschrift am Nordeingang der St. Andreas Kirche aus dem Jahre 1350 besagt: "Pestis Fuit, Judei Occidebantur, Et Amplificata Est Haec Ecclesia." (Als der Schwarze Tod wütete und die Juden getötet wurden, wurde diese Kirche vergrößert.)

Familienstammbäume meiner beiden Eltern dokumentieren die Anwesenheit meiner Vorfahren in Westfalen bereits im 17. Jahrhundert. Einer der bekanntesten Nachfahren meines Stammvaters Aaron Heinemann Levy (ca. 1675 – 1736), der die Weinbergsche Linie in Werther begründete, war der Anthropologe Franz Boas.[1]

Mein Urgroßvater väterlicherseits verließ sein Elternhaus in Werther und übersiedelte nach Lübbecke, wo er im Jahre 1842 das Manufakturwarengeschäft M.B.Weinberg gründete. Es verblieb im Besitz der Familie, bis es 1938 während der "Reichskristallnacht" zerstört wurde, genau vier Jahre vor der 100-Jahr-Feier.

Im ersten Weltkrieg meldete sich mein Vater 1916 als Achtzehnjähriger freiwillig zur Front. Im August 1917 erhielt er das Eiserne Kreuz und einige Tage vor dem Waffenstillstand, am 3. November 1918, wurde er sehr schwer verwundet. Nach dem Krieg beschlossen die deutschen Behörden, ihm eine einmalige Abfindungssumme an Stelle einer Rente zu gewähren. Der Betrag, den er erhielt, reichte gerade aus, um einen einzelnen Schuh zu kaufen – kein Paar –, da er das Geld auf dem Höhepunkt der Inflation erhielt.

Zu Beginn des "Tausendjährigen Reiches" wurden den Familien jüdischer Frontkämpfer einige Privilegien eingeräumt. Die Nazis waren Fachleute in der Austüftelung von Hierarchien und Skalen der Verfolgung, welche falsche Hoffnungen auf Ausnahmen, Befreiungen und Immunität aufkommen ließen. Es ist möglich, daß einer der Gründe, warum meine Familie nicht rechtzeitig auswanderte, teilweise auf unseren Status als Frontkämpfer-Angehörige zurückzuführen ist.

Lübbecke wurde schnell eine nationalsozialistische Hochburg. Schon bevor die Nazis zur Macht kamen, das heißt bei den Reichstagswahlen am 6. November 1932, stimmte der Kreis Lübbecke mit 59,1% für die NSDAP, obwohl der Reichsdurchschnitt nur bei 33,1% lag.[2] Eine meiner Kindheitserinnerungen war das Begräbnis eines Nachbarsohnes, der ein besessener Nazi gewesen war und mit großem Pomp und SA-Ehren schon vor 1933 beerdigt wurde.

Da ich ein Einzelkind war (mein Vater war 26jährig bei einem Motorradunfall tödlich verunglückt – ich war sechs Monate alt), hatte ich keine Spielgefährten, weil die Verfolgung, Diskriminierung und Isolierung in Lübbecke schon früh begonnen hatte und es keine gleichaltrigen jüdischen Kinder in meiner Gemeinde gab. Ich wuchs in einem alten Fachwerkhaus auf, das noch mein Großvater bewohnt hatte, mit einer Reihe von Kindermädchen, die sich über mein wildes Benehmen beklagten. Die ganze Gemeinde regte sich über meine Streiche auf: Als ich ungefähr fünf Jahre alt war, flog ich beim Blasheimer Markt, der alljährlichen Kirmes, im Kettenkarussel ungesichert auf dem Hals eines Schwans, dessen Körper zwar vier richtige Sitze mit Sicherheitsgurten hatte, dessen Hals aber nie zuvor als Sitzgelegenheit in Betracht gezogen worden war. Damals war ich entschlossen, Zirkusreiterin zu werden und gab all mein Jahrmarktsgeld im Hippodrom aus.

Ich war eine gute Sportlerin, doch ich wurde allmählich zu einem Bücherwurm und einer Kennerin der besten Plätze für wilde Erdbeeren und Blaubeeren (Bickbeeren in meinem heimischen Dialekt) in unserem Wald, vielleicht wegen des Mangels an Spielgefährten. Oft ging ich mit Juppi, meinem Terrier, per Rad auf Wochenendtour zu meinen Verwandten nach Werther, ca. 35 km von Lübbecke entfernt, um mit gleichaltrigen jüdischen Kindern zusammen zu sein.

Im Frühling 1938, schon bevor in ganz Deutschland ein allgemeines Schulverbot für jüdische Schüler an den öffentlichen Schulen eingeführt wurde, zwang man mich, die Schule zu verlassen, da ich bereits die Untertertia (die letzte vorgeschriebene Klasse des damals achtjährigen Lehrplans) beendet hatte. Von dem Zeitpunkt an besuchte ich jüdische Schulen, weit entfernt von Lübbecke; anfangs in Herrlingen bei Ulm an der Donau[3] und später in Berlin.

Lange vor der "Reichskristallnacht", als auch unsere Synagoge in Flammen aufging, jüdische Häuser zerstört wurden und die Mehrzahl der jüdischen Männer in Konzentrationslager geschickt wurde, versuchten alle Lübbecker Juden verzweifelt, Mittel und Wege zur Auswanderung zu finden. Leider gelang es nicht allen. Wir waren beim amerikanischen Konsulat in Stuttgart registriert, aber unsere Quotennummer war sehr hoch. Ich war die einzige meiner Familie, die nach unzähligen Bittschriften endlich ein Affidavit von einem unbekannten Verwandten in South Carolina, USA, erhielt, dessen Vorfahren Deutschland in den sechziger Jahren des vorigen Jahrhunderts verlassen hatten. Dieser Bürge bestand darauf, daß ich als Sekretärin ausgebildet werden sollte (Tippen, Kurzschrift, Handelskunde, Wirtschaftskunde, Buchführung etc.) – vorwiegend Gebiete, die mir verhaßt waren –, so daß ich in der Zukunft für ihn in seiner Ziegelei arbeiten könnte. Zu meinem großen Kummer mußte ich vom Gymnasium zu einer Höheren Handelsschule wechseln. Mein lebenslanger relativer Analphabetismus in höherer Mathematik und Naturwissenschaften ist auf diesen Schulwechsel zurückzuführen. Wie dem auch sei, ohne die Ausbildung als Sekretärin hätte ich wahrscheinlich nicht für die Politische Abteilung gearbeitet und vielleicht Auschwitz nicht überlebt. – Übrigens wurde einige Tage vor Pearl Harbour meine Quotennummer aufgerufen, meine Auswanderungspläne jedoch waren zunichte gemacht.

Ende 1941 hatten alle Mitglieder der kleinen jüdischen Gemeinde von Lübbecke, ungefähr 25 bis 30 Familien in ihrer Glanzzeit, das Städtchen verlassen, entweder als Auswanderer, als Umzügler in größere Städte, oder als Deportierte. Meine Mutter war die Letzte. Sie ging Anfang 1942 nach Köln, um als Krankenschwester im dortigen jüdischen Krankenhaus zu arbeiten. Der Ort war endlich "judenrein". Im Januar 1943 teilte die Gestapo meine Mutter zur "Deportation nach dem Osten" ein. Es gelang mir, von meinem Arbeitslager in der Nähe von Fürstenwalde an der Spree nach Köln zu fahren, aber ich erhielt nicht die Genehmigung, sie auf dem "Abtransport" zu begleiten. Später fand ich ihren Personalbogen in den "SB-Akten", aus welchem ich ersah, daß sie am 9. Februar 1943 (3. Adar Aleph 5703) vergast worden war.

Im Mai 1941 wurde meine jüdische Schule in Berlin geschlossen. Ich arbeitete anschließend für zwei Jahre in Kersdorf, einem Lager in der Mark Brandenburg. Wir waren im Forsteinsatz und bei Bauern (Arbeiten, die mir gefielen) und in einer Fabrik (was ich nicht ausstehen konnte) beschäftigt, bis wir nach Auschwitz geschickt wurden.

Mein Transport erreichte Birkenau an Hitlers Geburtstag, dem 20. April 1943. Diejenigen, die den Selektionsprozeß an der Rampe überlebten, kamen alle in den gleichen Block. Bald schon erfuhr ich die Bedeutung der rauchenden Schornsteine von einem der Muselmänner, und ich bekam einen Schock, den ich bis heute nicht überwunden habe.

Anfangs war ich im Außenkommando. Dann sortierte ich Kleidungsstücke aus, die den schon bei der Ankunft Vergasten gehört hatten. Sehr schnell erwarb ich einige elementare Überlebenstechniken. Zum Beispiel sagte ich beim "Essenfassen" meine Tätowiernummer auf slowakisch "stirycat dva nula strnast" und nicht auf deutsch, weil die slowakischen Mädchen die ersten Jüdinnen im Frauenlager gewesen waren und alle Schlüsselpositionen innehatten. Ich schlief mit meinen Holzpantinen unter dem Kopf, so daß sie nachts nicht gestohlen werden konnten, und ich bemühte mich, die grausamsten der Latrinen-Häftlinge zu meiden, denen es ein sadistisches Vergnügen bereitete, die am meisten ausgemergelten Häftlinge – von denen viele an der Ruhr litten – so heftig zu schlagen, daß einige in das gigantische Meer der Exkremente fielen, das sich über den ganzen Raum einer riesengroßen Baracke erstreckte.

Eines Tages suchte ein SS-Mann einige Häftlinge, die tippen konnten. Ich meldete mich und wurde mit anderen im Büro geprüft. Unterscharführer Klausen diktierte: "Ich wünsche mir zu Weihnachten ..." "meine Freiheit", ergänzte ich und erhielt die Stelle. Am nächsten Tag wurde ich zusammen mit zwei anderen Häftlingen (einem Mädchen aus meinem Transport und einer französischen, nichtjüdischen Kommunistin, die Modezeichnerin war) entlaust und von Birkenau ins Stabsgebäude nach Auschwitz gebracht. Dieses Stabsgebäude war das Quartier der SS-Aufseherinnen. Im Keller waren mehrere hundert, größtenteils jüdische, weibliche Gefangene untergebracht. Manche arbeiteten in der Waschküche, der Nähstube und Bügelstube und kümmerten sich um die Wäsche und Bekleidung der SS. Ein anderes Kommando, das hauptsächlich aus Bakteriologen, Biologen und Botanikern bestand, arbeitete in der Pflanzenzucht in Raisko. Außerdem gab es verschiedene Bürokommandos. Das größte war die Politische Abteilung/Standesamt, für die ich bestimmt war und wo ich von Juni 1943 bis zur Evakuierung von Auschwitz im Januar 1945 arbeitete.

Mit Ausnahme einiger männlicher polnischer politischer Häftlinge bestand mein Kommando ausschließlich aus jüdischen weiblichen Gefangenen. Auch hier bestand die Mehrzahl (einschließlich Kapo und Anweiserin) der Häftlinge aus "Lagerveteraninnen", d.h. Slowakinnen; aber wir hatten auch Häftlinge aus Polen, Rußland, der Ukraine, Litauen, Deutschland, Österreich, Holland, Belgien, Frankreich und Griechenland.

Zu Beginn arbeitete ich im Kommandanturgebäude in der Totenabteilung, wo es meine Aufgabe war, die Personalbögen der verstorbenen Häftlinge (einerlei ob sie eines "natürlichen" Todes gestorben oder SB-Fälle waren)

Später arbeitete ich in der kleinen grünen Baracke in der Schreibstube, wo ich die Listen der verstorbenen jüdischen Häftlinge tippte, vollständig ausgefüllt mit Namen, Geburtsdaten, Geburtsorten, Todestagen, "Todesursachen" und den Nummern der RSHA-Erlasse, die für die Deportation nach Auschwitz verantwortlich waren. Diese Nummern unterschieden sich nach den verschiedenen Ländern, aus denen die Häftlinge deportiert worden waren.

Schließlich wurde ich "befördert" und tippte die Beileidschreiben, die an die Angehörigen der reichsdeutschen, nichtjüdischen verstorbenen Häftlinge gesandt wurden – vorwiegend Kriminelle und Prostituierte, aber auch politische Häftlinge, Homosexuelle und Bibelforscher (Zeugen Jehovas).

Diese Briefe mußten individuell getippt werden. Das Zeitalter der automatischen Textverarbeitung hatte noch nicht begonnen und Formulare waren nicht erlaubt. Kein einziger Fehler oder ein ausradierter Buchstabe wurde zugelassen. Die Briefe folgten einem Standardschema und wurden vom Lagerkommandanten persönlich unterschrieben. Hier ist ein Beispiel:

"Sehr geehrter Herr ...
Ihr Sohn meldete sich am ... krank und wurde am ... in den Krankenbau eingeliefert. Trotz aller medikamentösen und pflegerischen Behandlung gelang es nicht, der Krankheit Herr zu werden. Er verstarb am ... um ... Uhr.
Ich spreche Ihnen zu diesem Verlust mein Beileid aus. Die Lagerverwaltung ist beauftragt, die Urne sowie den Nachlaß an Sie abzusenden.
Hochachtungsvoll
gez. ....
Kommandant von Auschwitz

Außerdem schrieb ich die Sterbeurkunden für diejenigen Personen, die standrechtlich im Männerlager hingerichtet wurden, vorwiegend Partisanen und andere Nicht-Häftlinge. Die Todesursache war ständig identisch: "Strangulationsnarbe von bläulich-roter Farbe und Bruch der oberen Halswirbel." Der ranglose SS-Mann (nicht einmal Rottenführer), der mit diesen Exekutionsprotokollen betraut war, hieß Florschütz. Er war klein, blutjung und ein Volksdeutscher aus Jugoslawien, Rumänien oder der Slowakei. Ich konnte nicht verstehen, wie dieser halbe Junge so tüchtig und stolz sein grausiges Gewerbe betreiben konnte (wahrscheinlich mußte er den Erhängungen beiwohnen), und wie er so auf Präzision und Fehlerlosigkeit der Formulare besessen sein konnte. Es war so, als ob sein Prestige von der Perfektion dieser Papiere abhinge. Es ist möglich, daß die Marginalität seines Status als Volksdeutscher etwas damit zu tun hatte. Ich mußte beispielsweise gelegentlich für Sturmmann Kaufmann im Männerlager Vernehmungen tippen. Er ging außerordentlich grausam bei den Untersuchungen vor; seine SS-Kameraden machten sich über seinen fast unverständlichen Tiroler Dialekt lustig, und seine Randstellung hat vielleicht zu seiner Brutalität beigetragen.

Überdies benutzte man mich als Sekretärin für auswärtige Gestapo-Beamte, die in das Lager kamen, um Häftlinge zu vernehmen. Meistens waren sie aus Orten der Umgebung, wie Kattowitz, Gleiwitz, Czenstochau usw., aber manchmal kamen sie auch von weither, wie z.B. aus Nizza in Südfrankreich. Jedesmal hoffte ich, daß die Gefangenen nicht gefoltert werden würden. Oft diente eines der Mädchen aus meinem Kommando als Dolmetscherin für polnische, ukrainische oder russische Häftlinge. Jedes Vernehmungsprotokoll endete mit den Buchstaben v.g.u. und der Unterschrift des Gefangenen, der vernommen worden war. Es ist zweifelhaft, ob selbst die der deutschen Sprache mächtigen Häftlinge die Bedeutung der Abkürzung verstanden. Es dauerte eine geraume Zeit, bis ich erfuhr, daß v.g.u. bedeutete "vorgelesen, genehmigt und unterschrieben".

Um meinen Gefühlen Ausdruck geben zu können, verfaßte ich in dieser Zeit einige Reime, obwohl Schreiben strengstens verboten war und es hart bestraft worden wäre (allein die Entlassung aus dem Kommando und die Rücksendung nach Birkenau war mehr oder weniger gleichbedeutend mit einem Todesurteil).

Die Reime sind auf englisch geschrieben, ab und zu unterbrochen durch Französisch, Spanisch und Deutsch und sind ziemlich unbeholfen, weil meine Kenntnis der englischen Sprache damals sehr begrenzt war. Sie vermitteln das Gefühl der Verzweiflung, aber, merkwürdig genug, auch einen Funken Hoffnung.

Sommer 1943

Who is poor like the corpses
that are at least dead
for even her life
belongs to the "Bad"?

Whose nerves are wrecked
whose clothes always wet
whose parents were burnt
and whose sister went mad?

Whose fate is dark
who looks for the light
whose friend has stolen
her shoes in the night?

Whose clean shaven head
is void of ideas
whose heart is of stone
whose eyes have no tears?

Who is hungry and thirsty
and tired of life
who wrote this poem
and got "25"?[4]

Autumn 1943

Where ist that graveyard
without any stone
where a man is less worth
than a dirty gown?

Where is that market
on which you can get
the most precious jewels
for a piece of rotten bread?

Where are children like eighty
the sky always grey
where do you get more beatings
than food in the day?

Where are people like devils
where are men like insanes?
But the future is waiting
behind electrical chains.

Winter 1943/44

Je n'ai pas de fleurs
nor gifts for you
y no tengo ocasión
d'organiser pour vous.

Para ti hay un camino
qui conduit en France
therefore it is foolish
de perdre l'esperance.

Un jour viendra
cuando me olvidaras
this life will be a dream
un sueno y nada mas.

Frühling 1944

A new sheet of paper
"Sehr geehrte Frau Frank"
one of those whores again
"Ihre Tochter meldete sich ... krank."

Of course she had lues
"Trotz Pflege verschied sie"
the rats ate her feet
"Am 7. 8. um 6 Uhr früh."

Has thrice been in jail
"zum Verluste mein Beileid
der Nachlaß wird gesandt
in einiger Zeit."

For crooks, murderers and pimps
writes SS-Stubaf. Bär.
But for the millions of Jews
who does for them care?

Im Stabsgebäude fing ich an, von einer Mitgefangenen Russisch zu lernen. Ich begann mit dem Alphabet, paukte Konjugationen, Deklinationen und Feinheiten der Syntax, bis ich Gedichte von Puschkin und Lermontov konnte.

1944 wurden alle weiblichen Häftlinge vom Stabsgebäude in das neue Frauenlager verlegt. Zunächst wurden nur zwei Blocks besetzt. Außer uns befanden sich dort auch die Frauen aus dem Versuchsblock 10, die von Professor Clauberg[5] und anderen "Forschern" als Versuchskaninchen für ihre Sterilisations-Experimente benutzt wurden. Allerdings waren unsere Blocks durch Stacheldraht getrennt.

Im September 1944 bombardierten amerikanische Flugzeuge nicht die Eisenbahnschienen, sondern unseren Block. Während des Luftangriffs war ich im Keller, nur einige Meter entfernt von Hedi Winter aus meinem Kommando, dem einzigen Häftling, der bei der Bombardierung ums Leben kam. Ich selbst wurde am Knie verwundet. Es war keine besonders schwere Verletzung, aber die Wunde heilte nicht, obwohl ich im Männerlager einen Verband erhalten hatte. Nach dem Angriff wurden alle Kommandos, die in der Munitionsfabrik "Union" arbeiteten, von Birkenau ins neue Frauenlager verlegt. Da unser Block zerstört worden war, zogen wir in ein neues Quartier, das wir diesmal mit den weiblichen Gefangenen teilten, die im Häftlings-Bordell arbeiteten. Dieses Kommando bestand ausschließlich aus deutschen "Arierinnen" und nichtjüdischen Polinnen, da "Rassenschande" verboten war und das Privileg des Bordellbesuchs für jüdische Gefangene nicht existierte.

Kurze Zeit nach dem Aufstand des Sonderkommandos in Birkenau wurden die vier Frauen von der Union-Fabrik, die die Munition zu den Männern in den Krematorien geschmuggelt hatten, öffentlich auf dem Appellplatz gehängt, und zwar in Schichten, so daß niemand das Schauspiel verpaßte. Viele von uns waren beschämt, daß wir nicht wie Ella, Esther, Regina oder Rosa gehandelt hatten.

Einige Tage nach den Exekutionen, im Januar 1945, begann die Evakuierung. An einem eiskalten Winterabend, während ein Schneesturm wütete, verließen wir Auschwitz und traten den Todesmarsch an. Diejenigen, die nicht mehr laufen konnten oder zu fliehen versuchten, wurden auf der Stelle erschossen. Wir marschierten durch ein Spalier von Leichen zu beiden Seiten des Weges. Meine Kniewunde war noch immer nicht verheilt, und das Gehen fiel mir schwer, aber ich war entschlossen, nicht aufzugeben. Irgendwo in Oberschlesien wurden wir in offene Viehwaggons geladen und nach dem Konzentrationslager Ravensbrück geschickt. Später landeten wir in dem Außenlager Malchow in Mecklenburg.

Ich erkrankte und bekam hohes Fieber, Lungenentzündung und Rippenfellentzündung, phantasierte und besinne mich auf sehr wenige Begebenheiten aus dieser Zeit, außer, daß ich im Lagerhospital lag. Anfang Mai 1945 zirkulierte das Gerücht, daß das gesamte Revier liquidiert werden sollte, weil man beabsichtigte, das Lager zu evakuieren, obwohl die Nazis vollkommen umzingelt waren. Wieder marschierten wir, und ich schleppte mich einige Stunden in der Nacht des Weges, bis ich in der Scheune eines Bauern zusammenbrach. In der selben Nacht wurde ich von Truppen der Roten Armee befreit. Sie legten mich in das Schlafzimmer des Bauern, während sie in der Küche reihum die Bäuerin vergewaltigten.

Ich phantasierte immer noch den größten Teil der Zeit und erinnere mich nur an sehr wenige Einzelheiten meiner Befreiung. Die Russen schickten mich nach Westen in ein amerikanisches Feldlazarett irgendwo in der Nähe von Schwerin. Sofort stellte man fest, daß ich an Lungentuberkulose litt. Ich wurde von Krankenhaus zu Krankenhaus geschickt, bis ich endlich im Sommer 1945 – nachdem die Provinz endgültig den Russen zugesprochen worden war – in einem Krankenzug in den britischen Sektor transportiert wurde. Wieder sandte man mich von DP-Hospital zu DP-Hospital; zuerst im Oldenburgischen und dann in Niedersachsen.

Allmählich wurden alle meine ehemaligen Lagerkameraden repatriiert und kehrten in ihre Heimatländer zurück: Holland, Frankreich, Belgien, Italien, Griechenland usw., während ich in Deutschland blieb. Ich verspürte kein Verlangen, dem Beispiel jener zu folgen, die so trefflich durch Alfred Polgars Aphorismus charakterisiert worden sind: "Diejenigen, die zufälligerweise nicht getötet worden waren mußten Frieden schließen mit denjenigen, welche sie zufälligerweise nicht getötet hatten." So war ich glücklich, im Herbst 1946 in das jüdische Sanatorium "Etania"[6] nach Davos in der Schweiz zu kommen – nicht weit von der "Schatzalp", wo Thomas Mann den "Zauberberg" geschrieben hatte.

Im Frühjahr 1947 wurde ich nach Leysin[7] in der französischen Schweiz verlegt. Bis 1950 hielt ich mich in verschiedenen Sanatorien und Pensionen in diesem kleinen malerischen Gebirgsort mit der Aussicht auf die Dents du Midi auf und belegte Fernkurse an der Ecole d'Interprètes an der Genfer Universität. Nach einigen Monaten der Akklimatisierung am Lac Leman sandte mich der "JOINT" in ein Rehabilitationszentrum nach Grottaferrata in den Castelli Romani südlich von Rom.[8]

Hier traf ich Isy. Wir heirateten im August 1951 und beschlossen, in die USA zu emigrieren. Es dauerte jedoch bis zum Jahre 1956, bis die Röntgenaufnahmen unserer Lungen so gut waren, daß wir vom Konsulat in Neapel das Einwanderungsvisum erhielten.

Schon kurz nach meiner Ankunft in Italien hatte ich genug vom "dolce far niente" auf der Piazza. Als "apolide" (Staatenlose) durften wir keinerlei Arbeit verrichten und wurden es sogar leid, allwöchentlich in die Oper in die Terme di Caracalla zu gehen oder die wunderschöne Gegend mit meinem kleinen Fiat Topolino zu erkunden (den ich in Deutschland gekauft hatte und mit dem ich mindestens einmal im Jahr über die Alpen zurück nach Deutschland mußte, um mich registrieren zu lassen). Sehr bald hatte ich genug. Unserem Nachbarn, Ex-König Faruk von Ägypten, der eine Villa in der Nähe des Bivio di Grottaferrata auf dem Wege nach Frascati bewohnte, wurde nachgesagt, unter ähnlicher Langeweile zu leiden.

Nachdem ich fast ein Jahrzehnt herumgelungert hatte, kam schließlich die jüdisch-christliche Arbeitsethik zum Vorschein. Zunächst studierte ich Italienisch und erhielt ein Certificado di Profitto di III. Grado.[10] Dann ging ich nach Deutschland und bestand die Begabtenprüfung zur Zulassung zum Hochschulstudium und hörte Vorlesungen an der Universität Bonn. Schließlich studierte ich Psychologie bei Piaget in Genf.

In der Zwischenzeit erhielten Isy und ich endlich das amerikanische Einreisevisum. Wir verließen Neapel Ende August 1956 mit einem Schwesterschiff der unglücklichen *Andrea Doria*, die gerade eine Woche vor unserer Abreise auf ihrer Jungfernfahrt gesunken war.

Isy hatte in Grottaferrata mit Unterstützung des ORT[11] das Uhrmacherhandwerk gelernt und fand in New York schnell Arbeit im "Diamanten Bezirk" in der 47. Straße. Ich erhielt ein Stipendium von der New York School for Social Research[12], um meine Studien in Psychologie fortzusetzen.

1957 ging Isy nach San Francisco, und eröffnete sein eigenes Uhrenimportgeschäft, die "West Coast Swiss Watch Co.". Sofort nach Erhalt meines Studienabschlusses im Februar 1958 folgte ich ihm. Wir arbeiteten beide zusammen im Geschäft und wohnten im Zwischengeschoß über dem Laden – ohne Heizung oder heißes Wasser. Das Geschäft florierte, und 1960 zogen wir in unser eigenes Haus um. Unsere größte Freude war jedoch die Geburt unserer Tochter Gaby an meinem Geburtstag im Jahre 1965.

Allmählich begannen wir mit Grundstücksgeschäften und verwandelten unser Großhandelsgeschäft in ein Einzelhandelsunternehmen. Isy kümmert sich zur Zeit um das Geschäft, mehr aus Zeitvertreib, als um Geld damit zu verdienen. Vor einigen Jahren gründeten wir die Shelley-Familien-Stiftung für Notleidende in Israel, die dem Andenken unserer Eltern gewidmet ist, die im Holocaust vernichtet wurden.

Getreu seiner Gerer Chassidischen Herkunft[13] ist Isy vor allem mit den "Drei Säulen der Welt", Thora, Avodah und G'milut Chassadim,[14] beschäftigt. Er studiert jeden Morgen Talmud und wir haben einen ständigen Strom von Schlichim[15] im Geschäft. Außerdem geht er einmal im Jahr nach Israel, um an einem Kollel[16] zu studieren.

Zusätzlich zu meinem ersten erwarb ich noch einen zweiten Magistertitel und promovierte. 1964 war ich Reporterin beim Auschwitz-Prozeß in Frankfurt, ich habe zweimal Aktivisten in der UdSSR besucht, habe als Freiwillige mit Senioren in den USA, in israelischen Entwicklungsstädten wie Ma'alot und mit georgischen Einwanderern im Jerusalemer Vorort Newe Aviv gearbeitet. Überdies bin ich in Holocaust Organisationen aktiv, um sicherzustellen, daß die Geschehnisse der Vergangenheit nicht vergessen werden und um zu verhindern, daß sie sich wieder ereignen.

Anmerkungen

1. Franz Boas, geboren 1858 in Minden, gestorben 1942 in New York, begründete die kulturrelativistische Schule der Anthropologie.
2. vgl. hierzu M. Nordsiek, Fackelzüge überall. Das Jahr 1933 in den Kreisen Minden und Lübbecke, Bielefeld 1983, S.35, sowie "Wie der Kreis Lübbecke im Vergleich zum Reichsdurchschnitt wählte", Neue Westfälische v. 29.1.1983

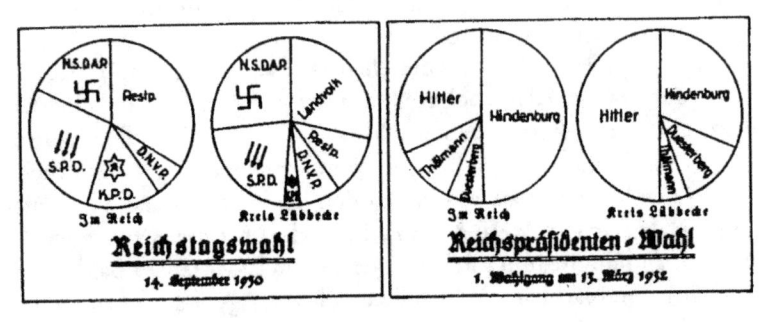

3. Das Landschulheim Herrlingen war ein jüdisches Internat, das von Hugo Rosenthal-Yashuwi nach dem Modell der Odenwaldschule begründet wurde.
4. Lagerstrafe - 25 Peitschenhiebe
5. Es ist merkwürdig, Claubergs Name noch in Veröffentlichungen aus der Zeit nach dem 2. Weltkrieg zu finden - als Experten für die Identifizierung des Corpus-Luteum-Hormons; sh. Pschyrembel, Klinisches Wörterbuch, Berlin 1955.
6. Dank der Fortschritte bei der Tuberkulosebehandlung ist das ehemalige Sanatorium heute ein Hotel.
7. Leysin ist eine Stadt im Kanton Waadt, damals berühmt als der beste Ort zur Behandlung von Knochentuberkulose. Professor Rollier, Begründer der Heliotherapie und Gründer des Sanatoriums Universitaire in Leysin-Dorf, war einer der bedeutendsten "Promoter" der Stadt. Heute ist Leysin ein Touristenort.
8. Hiermit sind die Dörfer und kleinen Städte südlich von Rom, östlich der Via Appia, gemeint. Einige der bekannteren sind Frascati, Marino, Rocca di Papa, Castelgandolfo und Grottaferrata.
9. Die Freiluft-Sommeroper in Rom liegt an der Stelle, wo sich in der Antike die römischen Bäder befanden.
10. Dieses Zertifikat bescheinigt "ottima conoscenza della lingua italiana" (hervorragende Kenntnisse der italienischen Sprache).
11. ORT ist eine weltweite Organisation zur Unterstützung der Berufsausbildung von Juden.
12. Das Institut wurde von emigrierten Professoren, größtenteils aus Nazi-Deutschland, gegründet.
13. Die Bewegung der Gerer Chassidim ging von der polnischen Stadt Gora Kalwaria (Kalvarienberg) aus.
14. Nach Pirkei Avot, 1:2, pflegte Simeon der Gerechte, einer der letzten Überlebenden der Großen Versammlung, zu sagen: "Die Welt basiert auf drei Prinzipien: Thora, Arbeit und Mildtätigkeit."
15. Schlichim (hebr.) bedeutet Botschafter und meint Menschen, die für wohltätige Einrichtungen Geld sammeln.
16. Talmudische Hochschule für verheiratete Männer.

(L. Shelley, Hg., Schreiberinnen des Todes, S. 114 –126)

Wohin Lübbecker Juden auswanderten bzw. vertrieben wurden

Städte/ Gemeinde	Palästina	Groß- britannien	USA	Kuba	Argentinien	Chile	Südafrika- nische Union
Lübbecke	5	8	8	—	—	2	2
Rahden	—	1	10	4	3	1	—
Versmold	—	—	2	—	—	—	—
Werther	—	7	2	—	1	—	—
Summe	5	16	22	4	4	3	2

NACHWORT

Seit 1938 gibt es keine Jüdische Gemeinde Lübbecke mehr.
Vor 1933 gab es im Landkreis Lübbecke vier jüdische Gemeinden: Levern, Lübbecke, Preußisch - Oldendorf und Rahden.
2010 gibt es in ganz Ostwestfalen-Lippe vier jüdische Gemeinden: Bielefeld, Herford, Minden und Paderborn.
Seit 1961 erinnert auf dem Platz der Synagoge ein Gedenkstein an die ehemaligen Lübbecker Jüdinnen und Juden, ergänzt durch die Gedenktafel von 1986 im Straßenpflaster davor (Text auf der Rückseite dieser Broschüre).
Auf dem jüdischen Friedhof in Preußisch - Oldendorf sind mehrmals segnende Hände auf Grabsteinen zu finden. Mögen sie eigentlich Sinnbild für Mitglieder rabbinischer Familien (Kohen/Kahen) sein, so sollen die segnenden Hände hier für Gottes Segen stehen, den wir für die Zukunft alle miteinander nötig haben.

(Foto: A. Räber)

GEDENKSTEIN VON 1961 AUF DEM PLATZ DER SYNAGOGE

Text der von dem Lübbecker Bildhauer Peter Medzech gestalteten Gedenkplatte im Pflaster des Platzes der Synagoge (1986)

Diese Gedenkplatte am „Platz der Synagoge" (Bäckerstraße/Lange Straße) erinnert an die Verfolgung der Juden in Lübbecke
Foto: Brödenfeld

JAHRHUNDERTELANG HABEN JUDEN IN DIESER STADT LEBEN KÖNNEN.
IN DER ZEIT DES NATIONALSOZIALISMUS ABER NAHMEN MITMENSCHEN
IHNEN DIE BÜRGERRECHTE, DEN BESITZ UND MANCHEN AUCH DAS LE-
BEN.
VERFOLGT WURDEN DIE FAMILIEN:

LÖWENSTEIN	DER HERR SPRACH		SCHÖNEBERG
MANSBACH	ZU KAIN: WO		ROSENBERG
HURWITZ	IST DEIN BRUDER ABEL?		LAZARUS
WOLFF	ER SPRACH:ICH WEISS		HECHT
BLOCH	ES NICHT; SOLL ICH MEI		RUBEN
WEINBERG	NES BRUDERS HÜTER		STEINBERG
SCHÖNDELEN	SEIN? (1. MOS. 4,9)		
	LEVY	MERGENTHEIM	NEUSTÄDTER

IHRE LEIDEN VERPFLICHTEN UNS ZU
TOLERANZ UND POLITISCHER WACHSAMKEIT

ZEITTAFEL

1279	als Lübbecke die Stadtrechte verliehen bekam, wohnten vielleicht schon jüdische Familien hier, die dann am Ende der Pestzeit
1350	Opfer des ersten Pogroms in Lübbecke sind: Lateinischer Text auf dem sog. Peststein „ ... Judei occidebantur, ..." als die Juden getötet wurden ...
1550/52	wohnt erstmals seit 200 Jahren wieder ein Jude in Lübbecke: Joest wird
1553	am 8.9. in einer Mindener Urkunde genannt.
1679	gibt der wohlhabende jüdische Kaufmann Meyer Samuel mehreren Lübbecker Bürgern größere Kredite, mit denen sie ihre Steuerschulden beim Lübbecker Magistrat bezahlen können. So kann die Stadt einem französischen Soldatenkommando, das plündernd unterwegs ist, durch Zahlung einer stattlichen Geldsumme die Plünderung und Verwüstung der St. Andreas – Kirche verhindern.
1705	Brand des Rathauses, wobei fast alle älteren Urkunden und Dokumente verbrennen.
1742	Erster Hinweis auf eine Synagoge in einem jüdischen Privathaus in Lübbecke.
Bis 1742	beerdigen auch die Preußisch - Oldendorfer Juden ihre Toten auf dem heute nicht mehr vorhandenen ältesten jüdischen Friedhof im Bereich des späteren Mittellandkanals, denn aus dem Jahr 1742 stammt der älteste Pr. – Oldendorfer Grabstein auf dem dortigen jüdischen Friedhof
1824	wohnen 58 Juden in Lübbecke
1837	ist ihre Zahl auf 131 angestiegen; ca. 5 % der etwa 2500 Einwohner
1855	Synagoge n der Bäckerstraße, bis zum 9.11.1938.
1864	erwirbt die jüdische Gemeinde den östlichsten Abschnitt des Städtischen Friedhofs an der Gehlenbecker Straße.
1892	tritt Max Lazarus, 25-jährig, am 1.5. als Kantor und Religionslehrer hauptberuflich in den Dienst der Jüdischen Gemeinde. Er bleibt bis nach dem 9.11.1938.
1917	stirbt Max Löwenstein den „Heldentod in Frankreich im blühenden Alter von 19 Jahren"; Inschrift auf dem Grabstein.
1938	wird am 9.11. – wie in Hunderten Städten Deutschlands – auch in Lübbecke von Nazis die Synagoge angezündet und die meisten Wohnhäuser der jüdischen Bürger Lübbeckes werden verwüstet.
1942 bis 1945	Zwanzig der sechzig Lübbecker Juden werden verschleppt und in den verschiedensten Ghettos und Konzentrationslagern ermordet.
1945	Ein Lübbecker Jude (Helmut Bloch) kehrt in seine Heimatstadt zurück, während die Überlebenden sich in aller Welt, von Chile bis Israel, ansiedeln.

LITERATURVERZEICHNIS

- Beckmann, Volker, Dokumentation zur Geschichte der jüdischen Gemeinde 1830 –1945). Hg v. d. Stadt Lübbecke und der AG „Geschichte der Juden in Lübbecke", Lübbecke 1993
- Beckmann, Volker, Aus der Geschichte der Jüdischen Gemeinde Lübbecke (1830 –1945). Vom Vormärz bis zur Befreiung vom Faschismus, Hg. v. d. Stadt Lübbecke und der AG „Geschichte der Juden in Lübbecke", Lübbecke 1994
- Beckmann, Volker, Die jüdische Bevölkerung der Landkreise Lübbecke und Halle i. W. Vom Vormärz bis zur Befreiung vom Faschismus (1815–1945), Lage 2001
- Behring, Jürgen, Dokumentation zur „Reichskristallnacht" 1938, Lübbecke 1978

  Goch, Marianne, Im Aufbruch. Biographien deutscher Jüdinnen, Frankfurt/M / Leipzig 2000

  Hampel, Christian und Rüter, Karin Kristin, Schicksale 1933-1945. Verfolgung jüdischer Bürger in Minden, Petershagen und Lübbecke, Minden 1986

  Hüffmann, Helmut, 1200 Jahre Lübbecke, Hüllhorst 1975
- Hüffmann, Helmut, Bilder und Ansichten aus Lübbecke, Lübbecke 1980
- Hüffmann, Helmut, Die St.-Andreas-Kirche in Lübbecke, Lübbecke 1990

  Lazarus, Max, Erinnerungen, bearbeitet von Hans Chanoch Meyer, Docu – Judaica Band 1, Dortmund 1907

  Lazarus, Max, Erinnerungen an Meschede. Die ersten drei Amtsjahre als Lehrer, Vorbeter und Prediger in Meschede an der Ruhr 1889 – 1892, Judaica westfalica regionalia 2. Lübbecke 2010

  Lazarus, Max, Freie Aufsätze. Für die Volksschule bearbeitet, Langensalza 1. Auflage 1910: vierte und fünfte vermehrte Auflage 1912
- Linnemeier, Bernd-Wilhelm. Jüdisches Leben im Alten Reich. Stadt und Fürstentum Minden in der Frühen Neuzeit, Studien zur Regionalgeschichte, Bielefeld 2002
- Schulte, Bärbel, Max Lazarus. Trier – St. Louis – Denver. Ein jüdisches Künstlerschicksal, Stadtmuseum Simeonstift Trier 2010

  Shelley, Lore, Herausgeberin, Schreiberinnen des Todes. Lebenserinnerungen internierter jüdischer Frauen, die in der Verwaltung des Vernichtungslagers Auschwitz arbeiten irt un, Bielefeld 1992
- Zassenhaus, Dieter, Aus der Geschichte der jüdischen Gemeinde Lübbecke, Hg. v. d. Stadt Lübbecke, Lübbecke 1988
- Zeitungsartikel aus der Neuen Westfälischen, 1988 ff. von H. Hüffmann, G.H. Nahrwold, D. Zassenhaus